"十四五"职业教育国家规划教材

汽车车身结构与附件拆装
（第2版）

主　编　王怡南　李新起　姜奉荣
副主编　涂银涛　宁　武
主　审　程玉光

北京理工大学出版社
BEIJING INSTITUTE OF TECHNOLOGY PRESS

内容简介

本书根据职业院校汽车类专业教学标准，及从事汽车维修职业的在岗人员对车身及其附属设备的基础知识、基本技能和基本素质的需求，结合汽车专业人才培养目标和规格，重点介绍了汽车车身结构、车身附件拆装工具使用，对汽车仪表台、控制台、汽车座椅和安全带、雨刮器、车门附件、汽车表面装饰件和发动机舱盖及行李箱盖等主要车身附件的拆装调整等方面做了详细介绍。

全书采用课题分解的形式，便于安排模块化教学和实训。内容清晰、简练，配有大量的图片，明了直观，理论联系实际，突出了实操训练。

本书适合作为职业院校汽车专业教材，也可作为汽车售后服务站专业技术人员的培训教材。

版权专有　侵权必究

图书在版编目（CIP）数据

汽车车身结构与附件拆装 / 王怡南，李新起，姜奉荣主编 . —2 版 . —北京：北京理工大学出版社，2023.7 重印

ISBN 978-7-5682-7712-9

Ⅰ．①汽⋯　Ⅱ．①王⋯②李⋯③姜⋯　Ⅲ．①汽车－车体结构－高等职业教育－教材②汽车－车体－附件－装配（机械）－高等职业教育－教材　Ⅳ．① U463.8

中国版本图书馆 CIP 数据核字（2019）第 233946 号

出版发行 / 北京理工大学出版社有限责任公司	
社　　址 / 北京市海淀区中关村南大街 5 号	
邮　　编 / 100081	
电　　话 /（010）68914775（总编室）	
（010）82562903（教材售后服务热线）	
（010）68944721（其他图书服务热线）	
网　　址 / http：//www.bitpress.com.cn	
经　　销 / 全国各地新华书店	
印　　刷 / 定州启航印刷有限公司	
开　　本 / 787 毫米 × 1092 毫米　1/16	
印　　张 / 10.5	责任编辑 / 梁铜华
字　　数 / 257 千字	文案编辑 / 梁铜华
版　　次 / 2023 年 7 月第 2 版第 5 次印刷	责任校对 / 周瑞红
定　　价 / 42.00 元	责任印制 / 边心超

图书出现印装质量问题，请拨打售后服务热线，本社负责调换

前言

随着现代汽车制造工业和汽车后服务市场的不断进步和发展,新材料、新技术、新工艺、新概念以及更高的质量和技术标准要求不断出现在汽车产业应用中,这些变化对汽车行业从业人员带来了极大的机遇和挑战,同时也对相关行业和岗位的职业培训及系统职业教育提出了更高、更新的要求。

党的二十大报告提出:"深入实施人才强国战略。培养造就大批德才兼备的高素质人才,是国家和民族长远发展大计。功以才成,业由才广。"在新修订的《中华人民共和国职业教育法》中,也将"产教融合"作为一个基本制度提出来。为更好地落实党的二十大精神,努力做好职业教育工作,深化职业教育"三教改革",职业教育教材的编写工作起着很重要的作用。随着国家职业教育教材建设的决策部署,为深化产教融合、校企合作,推动校企"双元"合作,全面推动职业教育教学改革和教学发展。同时,为了解决学生学不懂、学习兴趣不浓、教材内容枯燥乏味,老师不好教等问题,北京理工大学出版社邀请一批知名行业专家、学者以及一线骨干教师结合新的专业教学标准,出版了该套图解版汽车职业教育系列教材。

本系列教材坚持如下定位:

☆ 以二十大"实施就业优先战略"为导向,培养学生的实际运用能力,以达到学以致用的目的;

☆ 以科学性、实用性、通用性为原则,以使教材符合职业教育汽车类课程体系设置;

☆ 以提高学生综合素质为基础,加强课程思政教育,充分考虑对学生个人能力的提高;

☆ 以内容为核心,注重形式的灵活性,以便于学生接受。

本系列坚持理论知识图解化的基本理念,教材配有大量的插图、表格和立体化教学资源,介绍了大量的故障诊断、维修服务和营销案例。

☆ 在内容上强调面向应用、任务驱动、精选案例、严控质量；

☆ 在风格上力求文字简练、脉络清晰、图表明快、版式新颖；

☆ 在理论阐述上，遵循"必需""够用"的原则，在保证知识体系相对完整的同时，做到知识讲解实用、简洁和生动。

本书共分为7个课题，重点介绍汽车车身附件拆装工具的使用，汽车的车身结构，汽车仪表台和控制台的拆装，汽车座椅和安全带、雨刮器的拆装，汽车车门附件的拆装，汽车表面装饰件的拆装，汽车发动机舱盖及行李箱盖的拆装等内容。

全书由北京交通运输职业学院王怡南、李新起和东莞市电子商贸学校姜奉荣担任主编，东莞市电子商贸学校涂银涛、全国交通技术能手宁武参与编写。全国职业院校技能大赛中职汽车运用与维修专业比赛车身涂装项目裁判长程玉光老师担任本书主审工作。

本书图文并茂、通俗易懂，适合作为职业院校汽车专业教材，也可作为汽车售后服务站专业技术人员的培训教材。

由于作者水平有限，书中可能会有疏漏和不妥之处，欢迎读者批评指正。

编 者

目 录

- **课题一　汽车车身附件拆装工具的使用** ·· 1
  - 任务一　扳手的使用 ··· 2
  - 任务二　组合套筒的使用 ··· 7
  - 任务三　螺丝刀的使用 ··· 12
  - 任务四　锤子的使用 ··· 14
  - 任务五　钳子的使用 ··· 18

- **课题二　汽车的车身结构** ·· 20
  - 任务一　汽车车身概述 ··· 20
  - 任务二　汽车车身的类型 ··· 40
  - 任务三　汽车车身的要素及表面特征 ·· 50
  - 任务四　轿车的车身结构 ··· 57
  - 任务五　客车的车身结构 ··· 85
  - 任务六　货车的车身结构 ··· 93

- **课题三　汽车仪表台和控制台的拆装** ·· 99
  - 任务一　拆装前的基本原则和安全要求 ··· 99
  - 任务二　汽车仪表台和控制台的拆装 ··· 101

- **课题四　汽车座椅和安全带、雨刮器的拆装** ·· 124
  - 任务一　汽车驾驶室座椅的拆装 ··· 124
  - 任务二　汽车安全带的拆装 ··· 127
  - 任务三　汽车电动刮水器的拆装 ··· 132

- **课题五　汽车车门附件的拆装** ·· 136
  - 任务一　汽车车门内饰板的拆装 ··· 136
  - 任务二　汽车后视镜的拆装 ··· 140
  - 任务三　汽车电动车窗的拆装 ··· 142
  - 任务四　汽车门锁的拆装 ·· 146
  - 任务五　汽车门总成的拆装 ··· 148

- **课题六　汽车表面装饰件的拆装** ……………………………………………… 150
  - 任务一　车身防擦条的拆装 …………………………………………………… 150
  - 任务二　汽车中网的拆装 ……………………………………………………… 152
  - 任务三　汽车保险杠面罩的拆装 ……………………………………………… 153
  - 任务四　汽车保险杠的拆装 …………………………………………………… 155
- **课题七　汽车发动机盖及后备厢盖的拆装** …………………………………… 157
  - 任务一　汽车发动机盖的拆装 ………………………………………………… 157
  - 任务二　汽车后备厢盖的拆装 ………………………………………………… 159
- **参考文献** ……………………………………………………………………… 162

课题一

汽车车身附件拆装工具的使用

[知识目标] →

1. 掌握各类拆装工具的使用方法。
2. 熟练使用各类拆装工具及掌握使用时的注意事项。

[技能目标] →

1. 能够正确使用各类拆装工具。
2. 学会锤子的正确握法。

[素养目标] →

1. 通过学习，培养学生良好的规范操作和安全操作的意识。
2. 通过规范操作的训练，提高学生的劳动意识与服务意识，渗透工匠精神。

"工欲善其事，必先利其器"，善用工具是出色完成工作任务的前提。能够正确、熟练、规范地使用工具是一个优秀钣金技师必备的技能，也是其内在技术能力和专业素养的表现。利用好工具不但可以使钣金操作更加顺利地实施，更能够事半功倍，大大提高工作效率和工作质量。本课题主要介绍最为常见的几种手工操作工具的结构特点和使用规范，同学们需要通过不懈地练习，提高自己使用工具的熟练程度，进而达到熟能生巧的程度。在钣金操作中还会用到很多专用工具，专用工具是专为某些特定的场合与技术要求而生产或是由钣金技师自行研究和制造的，后续内容中会逐步介绍。同学们可以在今后的工作中用心体会各种工具的用途和用法，甚至自行开发和制造一些适合操作的"专用工具"。我国一汽大众汽车有限公司的钣金高级技师王洪军同志，结合自身十余年的工作经验，自行研发钣金整形工具40余种2 000多件，提炼出123种钣金修复方法，创造了"王洪军轿车钣金快速修复法"，具有巨大的实用价值，居于国际先进水平，为企业创造经济价值3 400多万元，并于2006年获得全国"五一劳动奖章"，彰显了大国工匠风范。

课题一 汽车车身附件拆装工具的使用

任务一　扳手的使用

扳手是汽车修理中最常见的一种工具，主要用于扭转螺栓、螺母或带有螺纹的零件。如果扳手使用不当或选用不当，不但会造成工具及部件的损坏，还可能引发人身安全方面的事故。因此，正确地选用和使用扳手显得尤为重要。下面我们来讲解常用扳手的使用及注意事项。

一、开口扳手

1. 开口扳手的结构特点

开口扳手两头均为U形的钳口（如图1-1所示），可套住螺栓或螺母六角的两个对向面。

开口扳手主要适用于操作空间狭窄，而无法使用套筒扳手和梅花扳手操作的位置。有些螺栓或螺母必须从横侧插入，此时开口扳手可以做到，而梅花扳手则不行。

开口扳手的钳口与手柄存在一定的角度，如图1-2所示。这样可以通过反转开口扳手来增加扭转角度。

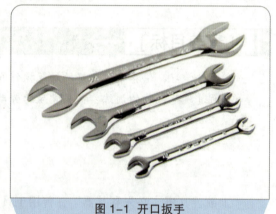

图1-1　开口扳手

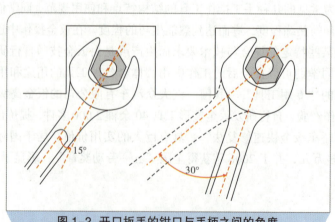

图1-2　开口扳手的钳口与手柄之间的角度

2. 开口扳手的选用及使用方法

开口扳手的型号就是其钳口的尺寸，标注在其钳口头部下方的手柄上。开口扳手的型号与常用的螺栓或螺母六角的公称尺寸一样，都是严格按照国家标准中的标准件公称尺寸进行制造的，梅花扳手与套筒扳手也是如此。选择开口扳手时，要根据螺栓（螺母）六角的公称尺寸来确定合适的型号，并确保钳口的尺寸与螺栓（螺母）六角的公称尺寸相符，配合无间隙，然后才能进行操作。

使用时，先将开口扳手套住螺栓或螺母六角的两个对向面（如图1-3所示），确保扳手与螺栓完全配合后才能施力。施力时，一只手推住开口扳手与螺栓连接处，并确保扳手与螺栓完全配合后，另一只手大拇指抵住扳头，另外四指握紧扳手手柄部往逆时针拧松螺母，顺时针拧紧螺母（注：反丝螺母则相反）。

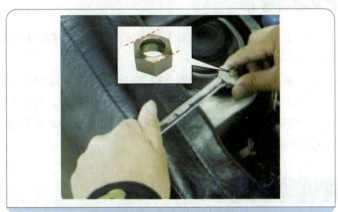

图1-3 螺母六角的两个对向面

3. 开口扳手使用注意事项

扳转时禁止在开口扳手上加套管来延长力臂或捶击扳手来增加扭力，以免损坏扳手或损伤螺栓螺母。禁止使用开口扳手拆卸大力矩螺栓，并且使用开口扳手时放置的位置不能太高或只夹住螺母头部的一小部分，否则会在紧固或拆卸过程中造成打滑，从而损坏螺栓、螺母或扳手，甚至会造成人身伤害。

长期错误使用开口扳手会使钳口张开，甚至变形或开裂，禁止使用此类被损坏的扳手，否则会损坏螺栓及螺母的棱角。

二、梅花扳手

1. 梅花扳手的结构特点

梅花扳手两端呈花环状（如图1-4所示），其内孔是由2个正六边形相互同心错开30°而成。

很多梅花扳手都有弯头，常见的弯头角度在10°~45°，从侧面看旋转螺栓部分和手柄部分是错开的。

这种结构方便于拆卸装配在凹陷空间的螺栓、螺母，预留了足够的操作间隙，以防止擦伤。

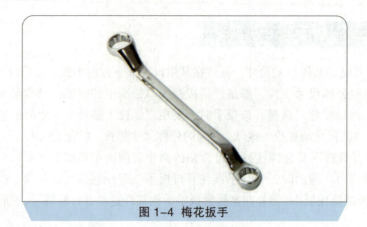

图 1-4 梅花扳手

2. 梅花扳手的使用方法

在使用梅花扳手时,左手推住梅花扳手与螺栓连接处,保持梅花扳手与螺栓完全配合以防止滑脱,右手握住梅花扳手另一端并加力。

扳手转动 30°后,就可更换位置,特别适用于拆装处于空间狭小位置的螺栓、螺母。

梅花扳手可将螺栓、螺母的头部全部围住,因此不会损坏螺栓角,可以施加大力矩。

注意:使用扳手时,一定要确保扳手及螺栓尺寸和形状完全配合,否则会因打滑造成螺栓损坏,甚至会造成人身伤害。

3. 梅花扳手使用注意事项

扳转时,严禁将加长的管子套在扳手上以延伸扳手的长度增加力矩;严禁捶打扳手以增加力矩,否则会造成工具的损坏;严禁使用带有裂纹和内孔已严重磨损的梅花扳手。

三、两用扳手

两用扳手也称梅开扳手,是扳手众多种类中的一种(如图 1-5 所示)。它的一端与开口扳手相同,另一端与梅花扳手相同,两端拧转相同规格的螺栓或螺母。

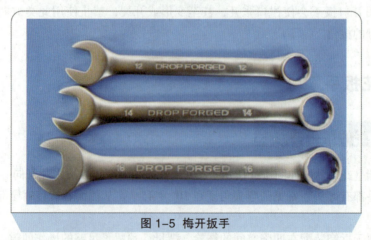

图 1-5 梅开扳手

在紧固过程中,可先使用开口端把螺栓旋到底,再使用梅花端完成最后的紧固,而拧松时则先使用梅花端。

不可使用开口端做最后的拧紧,如果必须使用开口扳手做最后的拧紧,就要完全按照螺栓或螺母扭矩要求,不能过大,否则会导致螺栓或螺母棱角损坏。

四、活动扳手

1. 活动扳手的结构特点

活动扳手也叫可调扳手,适用于尺寸不规则的螺栓、螺母,它能在一定范围内任意调节开口尺寸。一个可调扳手可用来代替多个开口扳手。

活动扳手由固定钳口、可调钳口两部分组成(如图1-6所示),扳手的开度大小通过调节螺杆进行调整。

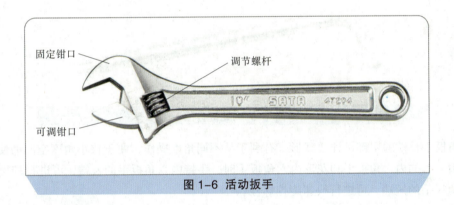

图1-6 活动扳手

2. 活动扳手的使用方法

使用活动扳手时应先将活动扳手调整合适,使活动扳手钳口与螺栓、螺母两对边完全贴紧,不应存在间隙。

使用时,要使活动扳手的可调钳口部分受推力,固定钳口受拉力,只有这样施力,才能保证螺栓、螺母及扳手本身不被损坏。

如果不按照这种方法转动扳手,会使压力作用在调节螺杆上,在施力时促使钳口变大,损坏螺栓、螺母的棱角和扳手本身。

3. 活动扳手的使用注意事项

使用活动扳手时,严禁在扳手上随意加装套管;禁止将活动扳手当作锤子来使用,这样会使活动扳手受到损坏。

不要使用活动扳手来完成大扭矩的紧固或拧松,由于活动扳手的钳口不固定,所以在进行大扭矩紧固时会损坏螺栓或螺母的棱角。

五、内六角扳手与内花键齿扳手

内六角扳手和内花键齿扳手用于拆卸内六角或花形内六角螺栓。通常，花形内六角螺栓的扭矩比内六角螺栓要更大些。此类扳手多为L形（如图1-7、图1-8所示）。

图1-7 内六角扳手

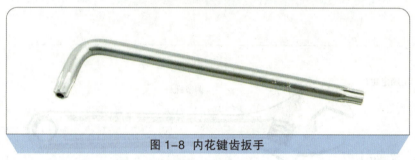

图1-8 内花键齿扳手

内六角扳手长端的尾部设计成球形，有利于从不同角度操作，便于狭小角度空间的使用。

在使用L形的内六角扳手和花形内六角扳手时，手持内六角扳手的长端，可进行拧松或紧固。手持内六角扳手的短端，可进行快速旋拧螺栓。

在使用内六角扳手时，应选取与螺栓内六方孔相适应的扳手，严禁使用任何加长装置，以免导致扳手的扭曲及损坏。

任务二　组合套筒的使用

一、棘轮扳手

棘轮扳手也叫快速扳手,利用棘轮机构可在套筒扳手与螺栓不分离的情况下快速进行扭转操作,分为普通式和可逆式两种。普通式棘轮扳手没有换向装置,通过反转工作面的方式实现扭紧和旋松操作。普通式棘轮扳手头部棘轮的中心部位为一个正方形的透孔,需要与尺寸相应的方形榫头配合使用。图1-9所示为可逆式棘轮扳手,可逆式棘轮扳手的旋转方向可正向或反向。

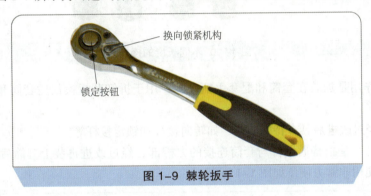

图 1-9　棘轮扳手

棘轮手柄头部设计有棘轮装置,在不脱离套筒和螺栓的情况下,可实现快速单方向的转动。

通过调整换向锁紧机构可改变其旋转方向:将锁紧机构手柄调到左边,可以单向顺时针拧紧螺栓或螺母;将锁紧机构手柄调到右边,可以单向逆时针松开螺栓或螺母。

棘轮手柄使用方便但不够结实。不要使用棘轮扳手对螺栓或螺母进行最后的拧紧。另外,严禁对棘轮手柄施加过大的扭矩,否则会损坏内部的棘爪结构。

使用时,按下锁定按钮,将套筒头套入棘轮扳手的方榫中;松开锁定按钮,套筒即被锁止;如再次按下锁定按钮,即可解除套筒锁。

二、接杆

接杆的基本作用是加长套筒和扳手的距离,便于伸入狭长的空间。接杆也称延长杆或加长杆,是套筒中成套工具不可缺少的一部分。

在汽车日常维修工作中,有 50 mm、75 mm、100 mm 和 150 mm 等不同长度的接杆供选用(如图 1-10 所示)。

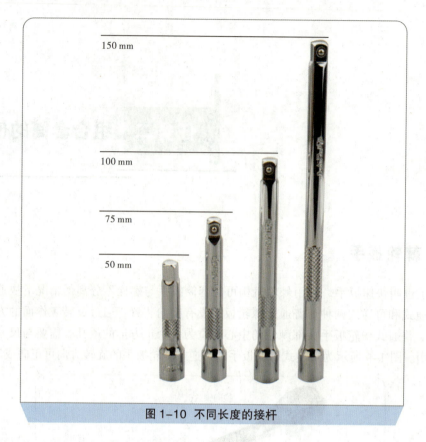

图 1-10 不同长度的接杆

接杆的主要作用是加装在套筒和配套手柄之间,用于拆卸和更换仅凭套筒和手柄无法接触的螺栓及螺母。

有很多接杆经过改进后具有特殊功能,如转向接杆和锁定接杆等。

所谓转向接杆,是指普通接杆与套筒连接的方榫部,经过改进再装上套筒后,会产生 10°左右的偏角,因而使用非常方便(如图 1-11 所示)。

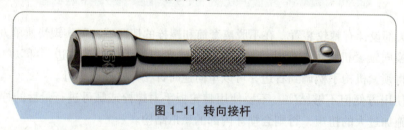

图 1-11 转向接杆

锁定接杆是指接杆具有套筒锁止功能。也就是说,在使用过程中不用担心套筒会掉落在地上。

操作时按下锁定按钮(如图 1-12 所示),然后将套筒套入接杆方榫内,松开锁定按钮后,套筒即被锁止。如再按一次按钮,套筒就可以轻松地取下。

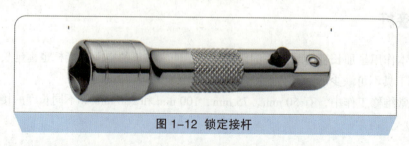

图 1-12 锁定接杆

三、套筒

1. 类型

汽车车身附件拆装常用的套筒一般有六角套筒、花形套筒等。

（1）六角套筒

六角套筒分为长六角套筒和短六角套筒，如图1-13所示。

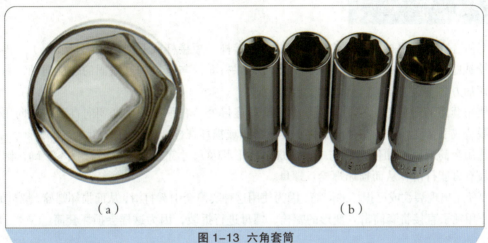

图1-13 六角套筒

（a）短六角套筒；（b）长六角套筒

（2）花形套筒

① 十二角花形套筒

套筒内径形状有六角和十二角（如图1-14所示）两种类型。内六角花形套筒与螺栓、螺母的表面接触面大，不易损坏螺栓、螺母表面；十二角花形套筒各角之间只有30°间隔，可以很方便地套住螺栓，适用于在狭窄的空间中拆卸螺栓。

需要注意的是，十二角花形套筒不能拆卸大扭矩或棱边已磨损的螺栓，因为它与螺栓的接触面小，容易损坏螺栓的棱角或出现滑脱现象，从而造成安全事故。

② 六角花形套筒

花形套筒是专门用来拆卸花形螺栓头螺栓的。在拆卸时，花形套筒可与这种螺栓头实现面接触，并采用曲面结构，在缩小体积的同时可增加拆卸扭矩。

在现代车型上，花形螺栓头螺栓的使用逐渐增多，经常用来在车门上安装螺栓等。

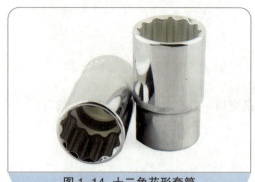

图 1-14 十二角花形套筒

2. 使用及注意事项

将套筒套在配套手柄的方榫上（视需要与长接杆、短接杆或万向接头配合使用），再将套筒套住螺栓或螺母，左手握住手柄与套筒连接处，保持套筒与所拆卸或紧固的螺栓同轴，右手握住配套手柄加力。

在使用套筒的过程中，左手握紧手柄与套筒连接处，右手握住手柄朝向自己的方向用力，可防止滑脱造成手部受伤；切勿摇晃，以免套筒滑出或损坏螺栓、螺母的棱角。

在选用套筒时，必须使套筒与螺栓、螺母的形状及尺寸完全适合；若选择不正确，则套筒在使用时极有可能打滑，从而损坏螺栓、螺母。

不要使用出现裂纹或已损坏的套筒，因为使用这种套筒会引起打滑，从而损坏螺栓、螺母的棱角。禁止用锤子直接将套筒击入变形的螺栓、螺母进行拆装，因为这样会损坏套筒。

四、万向接头

万向接头可在一定范围内改变套筒和扳手之间的角度，便于拆卸在狭小弯曲空间中的螺栓或螺母，如图 1-15 所示。

套筒扳手与配套手柄是垂直连接的，但车辆上很多地方因为操作空间狭窄而造成套筒与接杆无法垂直连接，这时候万向接头将起到很重要的作用，它可以使套筒与接杆以一定的角度进行连接并能够旋拧，提供更大的变向空间。

使用万向接头时，不要使手柄倾斜较大角度来施加扭矩，应尽可能在接近垂直状态下使用，因为偏角过大会使扭矩的传递效率降低。

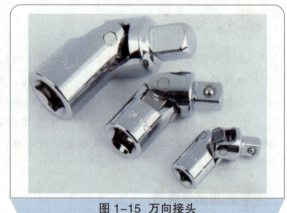

图 1-15 万向接头

五、套筒转换接头

套筒转换接头是将现有不同尺寸规格的手柄和套筒配合使用。套筒转换接头有两种：一种是"小转大"；另一种是"大转小"，如图 1-16 所示。

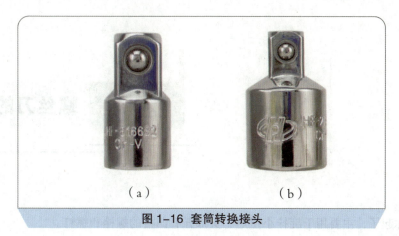

图 1-16 套筒转换接头

（a）小转大；（b）大转小

六、旋柄

旋柄也是套筒配套手柄，它可以与套头及旋具头配合，与螺丝刀手柄类似。

旋柄可以快速旋动螺栓、螺钉，主要用于将螺栓、螺钉旋到底。

旋柄的柄部可接棘轮扳手或其他手柄，用以增加拆卸或紧固时的扭矩。

在旋柄柄部加接棘轮扳手后，一定要注意防止前端的套筒头及旋具头扭矩过大而造成螺栓或工具本身的损坏。禁止锤击旋柄尾部以达到松动螺栓的目的，否则会使后部橡胶柄严重损坏。

七、滑杆

滑杆也称T形杆，配合其他组合工具可快速地拧紧或拧松螺钉，如图1-17所示。

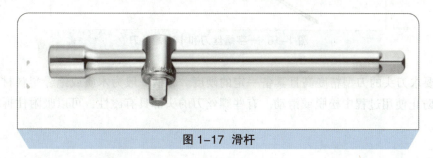

图 1-17 滑杆

就方榫的位置而言，手柄可以有2种使用方法。

方榫位置在一端，可形成L形结构，从而增加力矩，达到拆卸或紧固螺栓的目的。

方榫部分在中部位置，可形成T形结构。两只手同时用力，可以增加拆卸速度。缺点是要求的工作空间很大。

当拆卸扭矩过大时，禁止在滑杆的手柄上再加装套管或用锤子锤击，否则会造成工具或螺栓的损坏。

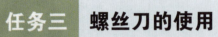
任务三 螺丝刀的使用

螺丝刀俗称起子,主要用于旋拧小扭矩、头部开有凹槽的螺栓和螺钉。

一、螺丝刀的类型

螺丝刀的类型取决于本身的结构及尖部的形状,常用的有一字螺丝刀、十字螺丝刀(如图1-18所示)。一字螺丝刀用于单个槽头的螺钉(如:在拆卸车门内饰板时需要用到一字螺丝刀来撬开内饰板的卡扣),十字螺丝刀用于带十字槽头的螺钉(如:在拆卸车门把手的时候需要用到十字螺丝刀来拆除固定螺钉)。

图1-18 一字螺丝刀和十字螺丝刀

螺丝刀要求刀头的刀型精度高且具备一定的硬度。刀柄一般为木质或绝缘塑料材质,与刀头连接紧密,防止使用过程中松脱或滑动。有些螺丝刀的头部具有磁性,可以吸附住拆卸的螺钉防止脱落。

二、螺丝刀的选用

选用螺丝刀时,应先保证螺丝刀头部的尺寸与螺钉的槽部形状完全配合,选用不当会严重损坏螺丝刀。

选用时应先大后小,即先选择3号,如3号不合适,再依次选择2号、1号。

如果螺丝刀的头部太厚,则不能放入钉槽内,否则易损坏螺钉槽;如果螺丝刀的头部太薄,使用时头部容易扭曲。

三、螺丝刀的使用方法及注意事项

使用螺丝刀时，应右手握住螺丝刀，手心抵住柄端，螺丝刀与螺钉的轴心必须保持同轴，压紧后用手腕扭转；拆卸时螺钉松动后用手心轻压螺丝刀，并用拇指、食指、中指快速旋转手柄。

为保证螺丝刀和螺钉槽配合良好，使用螺丝刀前要先清除螺钉槽里的油漆和脏物；当螺丝刀或工件上有油污时，应擦净后再操作。

如果使用较长的螺丝刀，左手应把持住它的前端，以保持稳定，防止螺丝刀滑出螺钉的槽口。

如果用螺丝刀拆卸的是活动部件，则应把工件固定后，再进行操作。严禁用手握件操作，因为一旦螺丝刀滑出，将会把手扎伤。

另外，在使用过程中，要尽量避免将螺丝刀当撬棒，否则会造成螺丝刀变弯曲甚至断裂。

禁止将普通螺丝刀当作錾子使用（通心式螺丝刀除外），否则会造成头部缩进手柄内使螺丝刀损坏。

任务四 锤子的使用

锤子也称榔头或手锤,属于锤击类工具。主要用来敲击工件,使工件变形、产生位移,从而达到校正、整形等目的。

锤子一般分为铁锤、软面锤(木槌、橡胶锤)等。在使用锤子时应先检查锤头和手柄安装是否牢固,防止锤头飞出伤人。使用时应紧握手柄后端三分之一处。

一、铁锤

铁锤锤头多由碳素工具钢锻制而成,在汽车维修中经常用到的铁锤有圆头锤、方锤、钣金锤等,如图 1-19 所示。

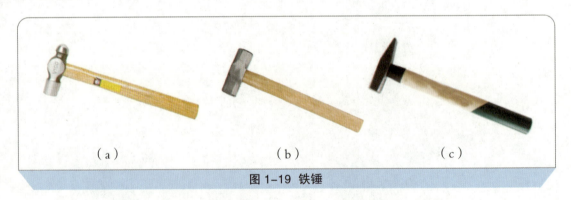

图 1-19 铁锤

(a)圆头锤;(b)方锤;(c)钣金锤

圆头锤是最常用的一种锤子,它一头为平头,另一头为圆头。平头用来锤击冲子和錾子等工具,而圆头用来铆接和锤击垫片。

方锤又称大锤,制造材料为高碳钢,主要用于重型击打,在汽车维修中并不常用。

钣金锤的头部为楔形,主要用于钣金整形或圆头锤不便接近的角落。

二、软面锤

软面锤主要用来击打不允许留下痕迹或易损坏的部位。

根据软面锤头部分使用材料的不同,可分为橡胶锤和木槌。

很多软面锤为增加惯性在内部装有铅或铜等金属。

三、锤子的使用方法

1. 锤子的选择

多数锤子在购买时就已安装了手柄，如需更换或自己选择并安装手柄，应注意手柄的粗细要和锤头的大小相适应，锤头中心线要与锤柄中心线垂直，并且锤柄的最大椭圆直径方向要与锤头中心线方向一致。

2. 锤子的握法

（1）紧握法

右手（左手）5个手指紧握锤柄，大拇指合在食指上，虎口对准锤头方向（木柄椭圆的长轴方向），木柄尾端露出15~30 mm。如图1-20所示，在敲击和挥锤过程中，5指始终紧握锤柄。

图1-20 紧握法

（2）松握法

只有大拇指和食指始终握紧锤柄，其余3指在挥锤时，按小指、无名指、中指顺序依次放松；在敲击时，又以相反的次序收拢握紧，这种方法的优点是手不易疲劳，且产生的敲击力较大。

在使用过程中手握锤柄的位置不要太靠近锤头，而要尽量靠近手柄的末端，因为这样打击会更省力、更灵活。

（3）挥锤法

在实际操作中，根据对加工工件锤击力量的不同要求来划分，挥锤方法有3种。

① 腕挥

挥锤时仅用手腕的动作来进行锤击运动，锤击力小。采用紧握法握锤，一般应用于需求锤击力较小的加工工作（如图1-21所示）。

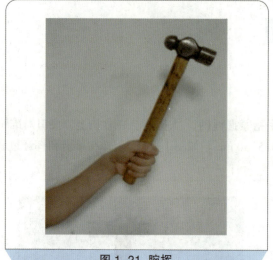

图1-21 腕挥

② 肘挥

挥锤时手腕与肘部一起挥动完成锤击运动（如图1-22所示），敲击力较大。采用松握法握锤，这是一种常用的挥锤方法。

图1-22 肘挥

③ 臂挥

挥锤时腕、肘和臂联合动作，锤头要过耳背，锤击力最大（如图1-23所示）。它适用于需要大锤击力的工作。这种方法费力大，较难掌握，但只要掌握了臂挥，其他2种方法也就容易掌握了。

图1-23 臂挥

四、使用锤子时的注意事项

● 使用锤子时，眼睛要注视工作物，锤头面要和工作面平行，以确保锤面平整地打在工件上，不得歪斜，避免破坏工件表面形状，也防止锤子击偏，造成人员受伤和设备受损。

● 使用前要保证锤面及手柄上无油污，以防止在使用过程中锤子自手中滑脱造成事故。

● 使用前要检查手柄安装是否牢固、有无开裂现象，以防锤头脱出造成事故。如在使用中发现锤头松动，则用楔子塞牢；如手柄开裂或断裂，则立即更换新手柄，禁止继续使用。

任务五　钳子的使用

在汽车车身附件的拆装中，常用的钳子类型有钢丝钳、尖嘴钳等。

一、钳子的选用及使用

应根据在汽车维修中所要达到的不同目的来选用不同种类的钳子，并且还要考虑工作空间的大小等因素。

1. 钢丝钳

钢丝钳是最常见的一种钳子，如图1-24所示。它可以用来切断金属丝或夹持零件。使用钢丝钳时，用手握住钳柄后端，使钳口开闭。钳口前端主要用于夹持各种零件，根部的刃口可用来切割细导线。

当用钢丝钳切断较硬的钢丝等物体时，要禁止使用锤子击打钳子来增加切削力，因为这样会损坏钢丝钳。

图1-24　钢丝钳

2. 尖嘴钳

尖嘴钳如图1-25所示，钳口长而细，特别适合在狭窄空间里使用。

在狭窄的空间中，钢丝钳无法满足工作条件时，可用尖嘴钳代替。

在使用过程中严禁对尖嘴钳的钳头部施加过大的压力，否则会使尖嘴钳的钳口变形，造成闭合不紧密而损坏尖嘴钳。

任务五 钳子的使用

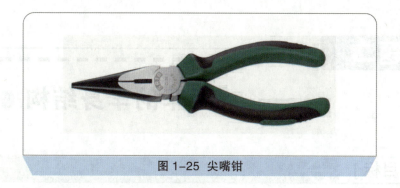

图 1-25 尖嘴钳

二、钢丝钳及尖嘴钳使用注意事项

● 严禁用钳子代替扳手来拧紧或拧松螺母、螺栓，以免损坏螺栓、螺母的棱角。
● 严禁把钳子当作锤子来使用，以免造成钳子本身的损坏。
● 严禁拿钳柄当作撬棍使用，以防钳柄变形及损坏。

一、填空题
1. 锤子也称_____或_____，属于_____工具。
2. 锤子的几种握法分别是_____、_____和_____。
3. 接杆主要用于_____和_____，仅凭套筒和手柄无法接触的_____及_____。
4. 能够_____、_____、_____地使用工具是一个优秀钣金技师必备的技能，也是其内在技术能力和专业素养的表现。

二、简答题
1. 简述开口扳手使用注意事项。

2. 简述棘轮扳手的使用方法。

3. 简述你对"规范使用工具"中"规范"两个字的理解。

4. 举例说明不正确使用工具会造成哪些安全问题，对操作质量又会带来哪些不良影响。

课题二　汽车的车身结构

[知识目标]

1. 了解汽车车身的发展历史。
2. 掌握轻型材料在汽车车身上的应用情况。
3. 掌握轿车车身结构的特点及车身的承载类型。
4. 掌握轿车车身壳体构造的类型。
5. 熟悉客车及货车车身的结构。

[技能目标]

1. 能理解承载式车身和非承载式车身的区别。
2. 会分析各类车身结构及其特性。
3. 能说出 A 柱、B 柱、C 柱在车身结构中的作用。

[素养目标]

1. 通过学习，提高同学们的环境保护意识与公共安全意识，更深领悟环境保护的重要性。
2. 正确认识我国汽车工业发展现状，坚定成为大国工匠的信念。

任务一　汽车车身概述

一、汽车车身的发展历程

汽车车身的构造，前期是在马车车架上加装一个车篷而成。一般来说，早期的汽车是单个生产的，由汽车设计师和马车建造师共同制造。

1769年，法国的尼古拉斯·古诺成功地制造了世界上第一辆用蒸汽机驱动的汽车，其车身是用木头做成框架式的。

1803年，英国的理查·特雷威蒂克制成蒸汽机公共汽车。至此，蒸汽汽车跨进了实用阶段。

1895年，英国的兰切斯特设计了一辆汽车，他将车身的每个部件都根据其用途进行了功能性设计。其中，车架由钢管经过铜焊而制成，这是我们所知的较正规的设计，它将发动机和传动系统连接成一体，为乘客提供了一个坚实底板，安全方面也得到了提高。

1900年，德国的本茨汽车公司首先使用钢板冲压成形的车架，取代了以前用木头制作的车架。

1900年，德国的波尔舍设计了一种带曲面挡风板的汽车，这便是汽车车身流线型的萌芽。

1901年，美国出现第一辆采用钢板制作车身的汽车，在木质骨架上铺设金属薄板的外壳结构，钢板是用钉子钉在全木骨架上的。车名是依斯特曼·斯蒂姆。

1902年，美国的凯迪拉克汽车用皮革做车身的防护围获得专利。

1902年，美国出现了第一辆铝板车身汽车，车名叫马芒。那时候，铝板比钢板昂贵得多，于是就出现了乘用车的等级制度。采用钢板车身的汽车被大批量生产，而那些铝车身汽车由于材料昂贵，使用较少。

1905年，开始流行二门的铰链侧门车门。到1931年，开始流行四门。

1905年，美国的福特C型汽车开始采用风窗玻璃设计。

1911年，美国的胡珀奥别尔汽车第一次在木质骨架上用钢筋来加固，车身外蒙皮钢板与骨架采用焊接等固定连接方式，使车身结构刚性提高。

1915年，福特T型汽车成为第一代厢式车身的代表（如图2-1所示）。由于这种车身的造型类似于在欧洲贵族场合使用人力抬的轿子式轻便座椅，所以在商品目录中被命名为"轿车"。

图2-1 福特T型汽车

1915年，美国的汽车车身工程师杰伊、海斯代表罗尔汽车公司在底特律宣布，该公司将生产承载式（整体式）车身汽车，即把车身车架合并成一个整体。

1919年，美国道奇生产了第一辆采用钢制骨架和钢板车身覆盖件的厢式客车。道奇的全钢车身是车身结构发展的一个转折点。

1920年，英国制造出世界上第一辆双层客车。

1922年10月24日，美国纽约的约翰·约瑟·麦吉尔提出了一个新的设想并获得专利权，即将车身单独制造为一个整体，与车架进行连接。这样，不管底盘上装的是什么样的车身，在几分钟之内，就可把它拆下，改换别的轿车车身。这个专利在当时并不被看好，甚至一度沦为笑柄。但后来汽车的发展证明，它是汽车史上最好的车身设计构思。这也是"非承载式车身"的雏形。

1922年，美国的奥本第一个采用了结构为X形的车架。

1923年，美国出现了第一辆木板车身的客货两用汽车，取名为星球。

1924年，在通用公司生产的奥克兰小客车上首先出现Duca面漆，使车身可有任何颜色，为以后的汽车外形设计创造了条件。

1924年，通用公司首先在车身采用快干喷漆的工艺技术。快干喷漆只需几小时就能干。过去大多数汽车的车身都是涂一层油漆和清漆，需经几个星期油漆才能干燥。

1926年，美国洛杉矶一位车身设计师哈利·厄尔创造了用石膏模型来取代当时用黑板粉笔图和木板、金属制造车身模型的设计方法，大大提高了工作效率，节约了成本。石膏模型后来成为了汽车制造厂外形设计的基本工具。

1928年，美国的弗兰克·洛克哈特在施图兹赛车上首先应用了一种叫作护裙式的车身，即有防护罩子的装护栏板的车身。

1929年，奥本推广应用了X形交叉连接的车架，提高了结构强度，增大了刚性，从而提高了承载能力。

1931年，美国的埃勒贝克发明了硬顶可伸缩的客货两用汽车。

1934年，美国克莱斯勒汽车公司推出的甲壳虫型汽车第一次采用了流线型车身设计，该种车身也成为了第二代厢式车身的代表。为了减少阻力，该款汽车将车灯、备胎、脚踏板等都嵌入车身内，车的头部和尾部采用光滑的曲面、曲线和大圆弧过渡的造型，翼子板与侧围的装饰有机地结合成一体，给人以圆滑、流畅的美感。德国大众汽车公司于1945年曾大量生产该种车型的轿车。

1938年，福特汽车公司曾制成采用玻璃纤维车身的赛车样车。

1946年，克莱斯勒公司制成了第一辆现代硬顶客货两用汽车。

1949年，福特船型汽车为第三代汽车的代表（如图2-2所示）。其外形是直线平面与棱线的过渡相结合，挺拔刚健、简洁大方，有一种安稳的美感。

图2-2 福特船型汽车

1952年，美国的别克车为第四代鱼型汽车的代表。此型是采用头部过渡的上斜式线型，尾部采用平顺的斜切式，有利于防止由气流造成的涡流现象，从而减少了空气阻力。

1953年，美国的凯译·达林和雪维·科维塔各自制成第一辆采用玻璃纤维车身的赛车。

1955年，美国的奥斯英比尔汽车在驾驶室内采用了加衬垫的安全仪表板。

1956年，美国的斯蒂培克汽车首先采用了安全门锁。

1957年，通用汽车公司采用了凹进去的仪表板按钮。

1960年，法国的雷诺5型是首先采用非金属保险杠的汽车之一。这种保险杠是由包着一层玻璃纤维增强塑料防护外皮的聚氨酯泡沫塑料组成的。

1962年，美国的洛兹公司在伊伦车上推广了中梁式（脊骨式）车架（如图2-3所示）。中梁的断面可做成管形、槽形或箱形。中梁的前端做成伸出支架，用以固定发动机，而主减速器壳通常固定在中梁的尾端，形成断开式后驱动桥。中梁上悬伸的托架用以支承汽车车身和安装其他机件。

1963年，美国斯蒂培克的阿凡提汽车为第五代楔型汽车的代表。它的造型特点是发动机上盖板呈梯形，侧围和后围采用挺拔的直线或流畅的曲线。这种车型的空气阻力小，且具有较好的稳定性。

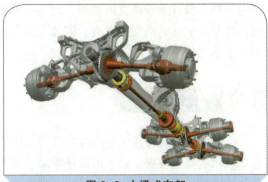

图2-3 中梁式车架

1983年，中国的唐锦生研制成功一种新型的全塑料车身汽车，第一次革除了用金属作为车身的传统。除了行走和减振系统外，该车的大梁、货厢、驾驶室为一个聚苯乙烯和玻璃钢制成的整体，形成了"全承载"式车身结构，塑料占了总材料的80%。这是汽车制造史上的一项巨大变革。

二、现代汽车车身发展趋势

1. 车身外形设计的发展特征

各国汽车车身造型的流行式样在不断更新，变幻莫测，令人目不暇接。但如果加以仔细琢磨，总能找出其共同的基本趋势，从而作出预测。车身造型的发展与车身的生产方式、使用要求以及时代特征等都有密切关系。

在今天，汽车技术迅猛发展，新材料、新工艺和新能源的不断开发及利用，使得在汽车外形设计上有了自由创造的可能。如电瓶车、太阳能汽车，去掉了发动机这一大部件，车身布置上省去了一大矛盾，前围的设计可以随心所欲，设计师的创造力得以充分发挥。并且，设计程序不断革新和完善，新设计层出不穷。如图2-4所示的玛莎拉蒂birdcage概念车及图2-5所示的标志梦幻概念车，虽然它们中有些是追求商业价值，哗众取宠，但从中也可以嗅出"未来"的味道。这些汽车的外形不断创新，其设计特征越来越明显。

图2-4 玛莎拉蒂birdcage概念车

图2-5 标志梦幻概念车

（1）综合设计

安全、舒适、经济、美观、无污染、可靠性和高效率等要求对汽车来说是缺一不可的。这就决定了外形设计并非孤立的造型，而是一种要体现各种要求的综合设计。技术作为外形设计的基础，技术越成熟，造型越自由。正如大型自由曲面夹层玻璃的成形工艺，为车身统一的整体造型创造了必要条件。

（2）设计程序

传统的汽车设计程序是由内向外的，即发动机→底盘→车内布置设施→外部形状。由于当今汽车技术的高速发展，给外形设计带来了种种可能性，设计师的自由度越来越大，使外形的形式美与功能性结合得更加完美。因此，当今汽车外形设计的最大特征就是打破了由内向外的固定程序模式，而正日益趋向于由外向内的设计。这也是综合设计特征的一个重要方面。在一款新车进入具体设计作业时，首先由造型设计师设计出各种汽车外形的效果图和模型。当选定最佳方案后，先确定汽车的外形结构、构造、材料、外形尺寸、零件的规格等，再确定车内设施和总布置，然后再专门为其设计相适应的发动机及底盘部件。发动机和底盘部件的大小、性能不是随心所欲决定的，而是由造型设计师所设计的新款汽车的类型和外形风格、式样及形态决定的。这种由外向内的设计并非绝对的，其过程包括工艺师、工程师、结构设计师及材料学家等与造型设计师、形态创造学专家、空气动力学专家的合作与协调。由内向外还是由外向内设计是传统与现代设计方法的分水岭。

（3）各向异性造型

所谓各向异性造型，就是在汽车的外形上下方向上增加凹凸的变化（凹槽、折面或类似柱面的自由曲面）；纵向长度上则有平滑的流向，造型流畅、光滑、丰满、纤细，给人以低矮、亲切及柔和的视觉感。

（4）艺术化的自由曲面

现代自由曲面是由自由曲线构成，且严格按空气动力学原则设计构成的顺畅、平滑、简洁、令人愉快的优美曲面。这样的曲面使汽车成为活动的雕塑艺术品。

（5）风格多样化

从早期的大平正方型到流线型，再到现在的紧凑轻量的楔型，乃至自由曲面型和各种富有人情味的仿生型——再现了人们追求情感化、追逐新潮和风格多样的要求。在科技高度发达的21世纪，轿车单用于载人去目的地已不再适用。高速发展的交通网络可以经济地、快速地运送人们去目的地。轿车应成为人类享受生活的一种工具，就如同服装有礼服、职业服、休闲服等，汽车也应有上班车、运动车、度假车等诸如此类的满足各种需求的汽车。

从楔型到风格多样化，外表更加光滑，风窗布置继续增大，风阻系数将更低，而且外表的透明感、柔和感更加宜人悦目，汽车的外形和色彩与周围的建筑和风景更加融洽。预计在21世纪中期或后期，还将出现几何形风格的外形。它可根据个人用途、爱好、习惯等进行自由拆装，长短宽窄随意变换。

2. 现代汽车车身技术发展趋势

利用人体工程研究成果和电子控制技术，不断提高室内装备性能，达到轿车车身的高实用性和高舒适性。

进行车身空气动力特性研究，降低空气阻力；努力减轻车身重量，生产出具有高经济性的轿车车身。

设计出符合工程学及美学要求的、不拘一格的轿车车身外形。

利用计算机辅助设计和制造工程，缩短产品的开发周期，适时地推出满足市场需要的新车型。

车身结构不断采用新型材料，达到降低成本、轻量、美观、大型化和防腐性强等目的。不断进行车身安全性研究和试验，努力提高汽车的安全性。

三、汽车车身的定义及性能要求

1. 汽车车身的定义

汽车车身可以定义为：装在汽车底盘上的、用来运送人员及货物的建筑性结构。

作为运送人员或货物的建筑性结构，其内部当然必须有驾驶员工作和容纳乘客或货物的空间，为驾驶员的操作和乘客构建一个良好的环境，具备隔绝振动、噪声，抵抗恶劣气候影响的能力，还必须在外形上具备建筑物的艺术风格和特点。

2. 汽车车身的性能要求

（1）应有合理的表面结构

合理的表面结构体现在车身外形应具有相应的艺术性和节能性，这主要是指车身的造型、外观表面和车身的轻量化，可简要概括为以下两点。

① 应具有尽量完美的艺术形象

就建筑物的艺术性而言，汽车车身讲究的是雕塑造型和动感，体现出建筑物的艺术形象和风格。这种形象和风格就必须具有时代的特色，反映社会生活。它不仅表现在汽车本身的雕塑形体上，而且还表现在汽车装置的诸如座椅、灯具、各种装饰品、各种仪表、各种电器等许多部件和零件上。这些内容应最大限度地符合美学法则和构图原理，给人们以优雅的艺术感染力和美的艺术享受。

汽车车身的这种雕塑造型和动感，是在车身的发展过程中，引入仿生学、人体工程学和流体力学后逐步完善的。因而有人认为，车身造型是经历了马车型、厢型、甲壳虫型、船型、鱼型、楔型六个主要阶段才日趋完美的。

此外，在汽车车身的内、外表面上，应能充分利用人们的视觉和光学原理，展示各种材料（包括车身内装饰表面用的软遮饰材料）、面料、构件自身的光泽、色彩，使车身外貌或室内面貌呈现出强烈的艺术气息和效果。

实际上，现代汽车车身的构件和内、外表面已经采用了种类繁多的材料，如钢铁、有色金属、玻璃、纺织品、工程塑料、橡胶、木材、纸、油漆等。尤其在室内装饰件上，近年来已经普遍应用了各种复合材料，如聚氨酯、聚氧乙烯、ABS等工程塑料、各种合成纤维等。采用这些材料不仅是为了减轻车身自身重量、简化结构、达到安全舒适的目的，也是为了充分利用其面料的光泽、色彩，使室内和车身外表的面貌展现出强烈的艺术感。

② 应具有优良的节能性能

优良的节能性能首先表现在造型和外观上符合有关的空气动力学原理，使汽车在行驶中具有最小的空气阻力、优良的汽车动力性和最好的经济性；同时还必须使汽车具有良好的空气动力稳定性。这是因为，当汽车以高速穿过空气时，气流就像一股强劲的推力作用在车身上，并严重影响汽车的行驶状态。这种外力不仅会阻碍汽车的行驶，还会产生影响行车安全的升力和横摆力。

研究证明，上述空气动力不仅与汽车和空气的相对速度有关，更与汽车车身的外形有关。因此，必须使汽车具有合理的外形以便尽量减少这些现象发生，提高汽车的经济性和空气动力稳定性。

（2）应有合理的内部结构

合理的内部结构首先是车身内部应具有优良的舒适性和静谧性，车身内部的构件在布局上符合人体工程学的原理，具有方便的操作性能和良好视野；其次是体现出上下车方便、乘坐安全舒适，使乘客有居家的感觉或豪华的享受感；当然，还必须有较强的通风性能和适宜的温度。可见，车身内部结构如果合理，则车身壳体也必须满足下述要求：

- 具有优良的密封性，具备完善的遮风避雨条件，同时要有良好的视野。
- 具有隔声、隔振性能。
- 具备良好的通风条件。
- 有家居内装饰的效果和方便的操作条件。

（3）具有安全可靠的布局结构

安全可靠的结构及布局最终体现为车身的工作可靠性（包括整体以及各个构件的耐久性）和保护乘客安全的程度。

（4）具有良好的制造工艺性能和方便的维修性能

汽车车身由许多梁式构件和大型覆盖件构成。其结构特点不仅要充分考虑这些零件在制造时拉延深度的合理性、冲模结构的简化性以及尽量少的冲压工序，还要使零件具有良好的装焊工艺以及在投入使用一段时间后适当的调整和维修工艺性能。

四、汽车车身的特点

车身属于汽车上的三大总成之一，但是除了只在整车总布置受制于汽车上的其他总成外，很多方面如外形、制图与结构设计计算方法、制造与装配工艺以及所采用的材料等均与其他总成大相径庭。汽车车身是运载乘客或货物的活动建筑物，相当于一个临时住所或流动仓库，但又受到质量和空间的限制，从而带来了许多新的问题。其涉及面之广早已远远超过一般机械产品的范畴，诸如车身造型艺术、内部装饰、取暖通风、防振隔声、密封、照明、座椅设计、人体工程等方面，车身材料有逐渐非金属化的趋势，车身零部件的加工方法也是各式各样。

综合起来看，汽车车身的独特性使生产工艺、结构力学、人体工程、技术美学、用户心理、交通运输工程、企业管理乃至供销等彼此区分很大的学科甚至很多非技术性领域的知识紧密地结合在一起。

1. 决定汽车车身设计的主要因素

（1）车身造型

车身造型是车身设计中确定新产品形象的过程，对产品参与市场竞争有着重要的作用，是汽车生产公司产品竞争的重要内容。一般包括市场调查、车型比较、了解用户对车身外观的审美要求（如外形、色彩、样式等）、造型、外形构思、模塑制作等。

汽车车身造型是一种创造性的工作，但它与空气动力学、人体工程学和材料工程学等技术的发展又有着密切的关系。从历届世界汽车博览会上不断推出的外观新颖的汽车、新概念车、未来汽车等，都可以看出工程学的研究发展在车型中应用的痕迹。如随着汽车玻璃材料的发展，一种能够控制热量射入车内的"阳光控制"技术，使得具有大面积玻璃以及倾角很大的挡风玻璃、符合空气动力要求的轿车外形得以实现。未来的概念轿车无不具有一个几乎全用玻璃制成的像温室一样的座舱。

（2）布置型式

影响车身设计的布置型式的因素，主要有发动机及传动系统的布置型式（FF型、FR型、RR型）和车身布置型式（紧凑型、多用途旅行车等）。

此外，现代轿车为保持车身外表面平滑化的车门布置形式，如旋翼式结构，以及车门附件（门把手、门窗、流水槽等），对提高汽车的空气动力性能也有很大影响。

（3）车身材料

新材料、新工艺的应用促进了车身结构的发展和车身轻量化，给车身结构设计提供了方便。车身构件的大型化、成形技术的发展带来了车身表面的平整化，减少了车身的结构件数，提高了车身的刚性，进一步实现了车身结构的轻量化。

课题二 汽车的车身结构

车身上所采用的材料品种很多,除金属和轻合金以外,还大量使用各种非金属材料(如:塑料、橡胶、复合材料、玻璃、油漆、纺织品和木材等)。车身覆盖件所用的钢板约占汽车材料构成的50%,这也是车身上绝大部分零件的加工方法都采用先进的冷冲压加工的缘故。对于历史悠久、用量最大的结构钢来说,以前低碳钢的铁素体晶粒在 20~50 μm 时屈服强度为 200~300 MPa,而目前微量合金化的低碳钢(含小于 0.1% 的 Nb、Ti 或 V),由于晶粒细化至 5~10 μm,屈服强度可增至 450~500 MPa。

在进行车身设计或改进车身结构时,为了提高车身的寿命,往往偏重追求强度这个因素,但是仅靠提高车身强度是远远不够的。实践表明,锈蚀是降低车身使用寿命的主要因素。汽车是在大自然的各种气候条件和复杂工况下运行的,因此,金属材料的防锈就显得尤为重要。镀锌钢板具有良好的防锈蚀性能,早在 1972 年美国汽车工业就开始大量采用镀锌钢板;1975 年德国波尔舍公司首先制成全镀锌钢板车身轿车;1985 年德国奥迪公司在 Audi-l00 型轿车车身的暴露部件和一部分内部零件上也采用了两面电解镀锌钢板制造,其他零件则采用热镀锌钢板。到目前为止,绝大多数的汽车制造厂家都广泛采用镀锌钢板。汽车车身镀锌钢板的镀锌层厚度一般为 7.5~10 μm。

以非金属材料代替部分金属材料,在金属材料中又以非铁(有色)金属取代部分钢铁,已成为材料应用的总趋势。

轿车车身材料构成的变化如表 2-1 所示。

表 2-1 汽车材料构成百分比

材料/构成	1980 年(kg/车)	1985 年(kg/车)	1990 年(kg/车)	2000 年(kg/车)	2010 年(kg/车)
钢	862	726	590	630	580
铸铁	227	136	113	136.07	120
铝	54	68	91	95	104
塑料	91	109	136	149	200
玻璃	41	32	23	34	28
	1 275	1 071	953	1 044.07	1 032

当前,一台轿车上所用的非金属材料约占汽车自身重量的 20% 以上,如按材料体积计算,占汽车材料总体积的 60% 以上。轿车碰撞试验研究表明,乘客室必须具有足够的刚性,以确保撞车时乘员的生命安全;而车辆的前部和后部相对于乘客室来说则应富有一定挠性,以起到吸能缓冲保护乘客室的作用。因此,轿车的前、后保险杠均趋向于采用复合材料(如聚氨酯或聚丙烯)等。

综上所述,从汽车车身用材的发展来看,为了实现轻量化以及提高安全性和舒适性,非金属材料的用量逐年有所增加。这些材料的制成品涉及轻工业和化学工业等部门,其品种、性能多样,制备方法也各不相同。

下面讲解目前一些轻型材料在汽车车身上的应用实例。

① 高强度钢在车身上的应用实例

1993 年,根据美国总统克林顿的提案,PNGV(汽车新一代合作伙伴关系)项目开始实施,其目的就是开发油耗小于 3 L 的节能车。此外,欧洲制定了到 2008 年各车型汽车的 CO_2 平均排放量低于 140 g/km 的目标。

1994 年国际钢铁协会成立了由 18 个国家 35 家钢铁公司组成的 ULSAB(超轻型汽车车身)

项目组,目的是在不增加成本的情况下,采用最先进的技术在维持车身功能与抗冲击安全性的同时减轻车身重量,进行从车型设计到试制、评价等系列工作。该项目于1998年5月完成,日、美、欧9种车型的车身性能达到了当初设定的要求,如表2-2所示。

表2-2　ULSAB项目开发目标与试制结果

项目	对比车平均值	ULSAB目标	ULSAB试制	与对比车相比
重量/kg	271	<200	203	-68
扭转刚度/[(N·m)/kg]	11 531	>13 000	20 800	9 269
弯曲刚度/[(N·m)/kg]	11 902	>12 200	18 100	6 198
一阶固有频率/Hz	38	>40	60	22
部件个数	195	—	158	-37

从表2-2中可知,试制车的重量相较对比车减轻了约25%。如果以强度210 MPa以上作为高强度钢的标准,那么试制车中高强度钢的使用率为91%。

ULSAC(超轻钢)于1997年启动,围绕车门、车顶等覆盖件轻量化展开工作,并于2000年5月发表了研究成果。其目标是使世界最具有代表性的15种车型减重19%~32%。ULSAC项目中除了采用高强度钢板、复合钢板与液压成形等技术外,在试制的无框车门中省略了原来的内板,以4根钢管组成框架(如图2-6所示),覆以内饰和外板的简单结构,在不增加成本与不降低抗冲击安全性的情况下,与对比车的车门相比,可减轻33%的重量。

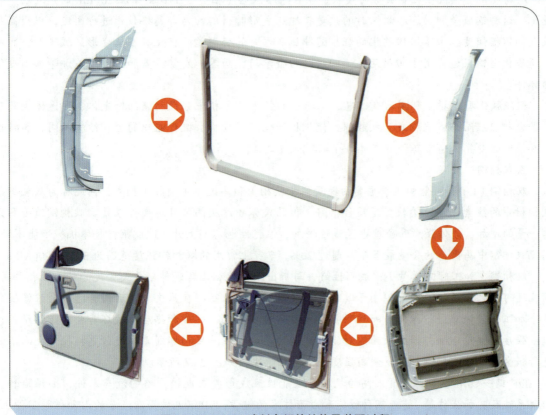

图2-6　ULSAC试制车门的结构及装配过程

ULSAB—AVC（Ultra Light Steel Auto Body—Advance Vehicle Concept）项目于1999年启动，以排气量1 500 mL小型轿车与2 500 mL普通型轿车为对象，从车身、发动机、悬挂件到内部装饰进行车辆整体设计。1994—1998年实施的ULSAB项目以车身轻量化为目标，而ULSAB—AVC项目则是希望通过车辆的整体设计来获得钢板轻量化的潜能。在ULSAB项目中以通用钢板为主体，高强度钢的使用率约为64%，而ULSAB—AVC中几乎100%部件都使用了高强度钢。有关安全、环保的目标也设定得较高，在2004年采用欧美的冲击安全实验方法从4星提高到最高等级的5星，CO_2排放量低于140 g/km，并能控制成本。ULSAB—AVC项目中所使用的高强度钢，约80%为先进高强度钢，它具有优异的成形性与吸收冲击能特性，可使汽车重量大大减轻，还能增加设计的自由度。

目前，汽车车身上用到的高强度钢板主要有固溶强化型钢板、烘烤硬化型钢板、组织强化型钢板、合金化热镀锌型钢板等几种，下面分别介绍。

★固溶强化型钢板

固溶强化型钢板具有较高的抗拉强度，多用于车身内外覆盖件。因为汽车车身覆盖件多采用冲压成型的工艺制造，所以，既要求钢材具有较高的抗拉强度，以提高车身的整体强度；同时也要求钢材具有良好的加工性能，即冲压性能。在低碳钢中加入磷（P）元素的固溶强化型钢材强度高且冲压拉伸性能好，因此在汽车制造中广泛应用。一般含磷（P）的固溶强化型钢板的抗拉强度在340 MPa左右。

烘烤硬化型钢板在轧制成形时质软，而在涂漆烘烤（相当于170 ℃保温20 min的热处理）时硬化。这种钢板是利用涂漆烘烤时的热量将冲压成形时引起的内部晶格位错进行固定，以提高屈服点的钢板强度。由于烘烤硬化的程度随冲压成形时的变形量而变化且在低变形区域较大，所以烘烤硬化型钢板适宜用于四门两盖（四门：四个车门，两盖：发动机盖和后备厢盖）等加工度低的部件。

组织强化型钢材是利用冶金工艺，从钢材的铁素体母相中分散初微细珠光体、贝氏体和马氏体等金相组织而形成双相或多相组织，使钢板强化。根据构成微观组织的金相结构不同，其特性也有很大的差异，通常其强度在440~1 470 MPa之间。

▲双相钢

双相钢（DP）的金相组织主要由铁素体（软相）和马氏体（硬相）构成，因此称为双相钢。在钢材中的铁素体质地柔软且延展性很好，但马氏体硬度极高，且延展性很差。双相钢随着马氏体含量的增加，整体强度和硬度也呈线性增加，但脆性也急剧上升，造成钢材整体机械性能下降，因此双相钢中马氏体的含量最多不能超过20%。车身上常用的双相钢强度范围为500~1 200 MPa。

双相钢在加工时回弹量小，成形性好，与析出强化钢相比其延伸率更大，疲劳耐久性也更高，因此还可用来制造轮辐等。但由于其本身硬度与强度都很高，在产生变形后用普通钣金维修操作等冷加工手段很难进行维修。而这种钢材本身耐热程度低，过度加热后将破坏其金相组织结构，造成强度大幅度下降，因此采用这种钢材制造的车身构件一旦损坏则需要进行更换操作，而不能进行钣金整形。双相钢与低合金高强度钢力学性能比较如图2-7所示。

DP钢一般用于需高强度、高的抗碰撞吸能性且成形要求也较严格的汽车零件，如保险杠、悬架系统及其加强件等，随着钢种性能和成形技术的进步，DP钢也被用在汽车的内外板等零件上。

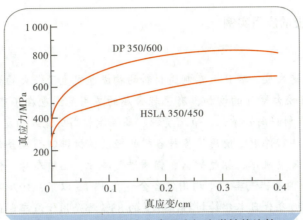

图 2-7 双相钢与低合金高强度钢力学性能比较

▲变诱导塑性钢

变诱导塑性钢（TRIP）是利用相变诱发塑性效应开发的超延性钢板，是一种主要组织为铁素体、贝氏体和含量在 5%~15% 残余奥氏体的钢板，强度范围为 600~800 MPa。TRIP 钢是近十多年才得到商业化开发的钢种，可以采用热轧、冷轧、电镀和热镀锌等工艺制成各种车身部件。TRIP 钢板冲压成形性好，深冲性能也优良。经过冲压变形后，其变形部位的加工硬化程度很高，一旦加工成型后则很难产生变形，这一点与双相钢非常接近，但比双相钢的整体硬度和强度稍低一些，特别适合制造具有高胀型的车身板件。

▲复相钢

复相钢（CP）同 TRIP 钢的冷却模式相同，但是需要对化学成分进行调整以形成强化马氏体和贝氏体的析出相，强度范围为 800~1 000 MPa。其组织特点是细小的铁素体和高比例的硬相（马氏体、贝氏体），而且通过析出进一步强化，含有 Nb、Ti 等元素，具有高的吸能性和好的扩孔性能，特别适合于车门防撞杆、保险杠和 B 柱等安全零件。

▲马氏体钢

马氏体钢是通过高温的奥氏体组织快速淬火转变为板条马氏体组织，可通过热轧、冷轧连续退火或成形后退火实现，其最高强度可达 1 500 MPa，是目前商业化高强度钢板中强度级别最高的钢种。主要用于成形要求不高的车门防撞杆等零件，代替管状零件，减少制造成本。

▲贝氏体钢

贝氏体钢是以贝氏体为主体的热轧钢板，强度范围在 440~880 MPa，其特点是延伸翻边性好，这是因为该钢种的微观组织均匀。适用于对翻边条件要求苛刻的零件。

▲超高强度钢

为满足汽车增强部件的要求，开发了利用贝氏体或回火马氏体的强度级别为 980~1 470 MPa 的超高强度冷轧钢板。超高强度钢板的弯曲成形性能很好，部分车辆的保险杠等加强部件就是利用超高强度钢制造的。

★合金化热镀锌型钢板

车身使用高强度钢板是通过减少钢板厚度来达到降低车身重量的目的，但是钢板厚度的减薄使得钢板更容易被腐蚀锈穿。为了防止腐蚀，提高车身材料的抗高温、抗氧化能力，世界各主要汽车制造商纷纷展开了钢板表面处理的研究工作。目前，车身采用的表面处理主要是镀锌。当前汽车车身常用的镀锌钢板有单面镀锌板、双面镀锌板等多种，镀锌的工艺也有电镀与热浸涂等多种方案。

② 铝合金在车身上的应用实例

★ 铝合金的发展历史

随着科学技术的飞速发展,现代汽车制造材料的构成也发生了较大的变化,高密度材料的比例下降,低密度材料有较大幅度的增加,有色轻金属的应用范围也在不断扩大,可以说,从20世纪90年代开始,汽车材料向轻量化、节省资源、高性能和高功能方向发展。构成汽车的零件有上万个,在这些零件中,使用了各种各样的轻金属材料。而轻合金材料中的利用量最大的当数铝合金,如铝质发动机体、铝质缸盖、铝质进气歧管、铝质车身、铝质制动毂,甚至还有铝质车架等。1977年美国每辆汽车的平均用铝合金量在45 kg以下,1978年约51 kg,1980年增长到67.5 kg。20世纪90年代日本铝铸材料消费量的83%都是用于汽车制造上,这对日本经济的发展产生了很大的影响。

铝合金在汽车车身中的运用,主要经历了下面三个阶段:

▲ "四门两盖"车身阶段

汽车铝合金车身四门两盖如图2-8所示。在20世纪70年代,部分汽车企业开始对发动机盖、后备厢盖、汽车挡泥板和车门等部件采用铝合金材料,其目的主要在于通过轻质材料和轻量化结构来降低油耗。

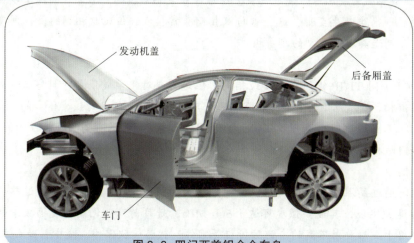

图2-8 四门两盖铝合金车身

▲ "壳式支承结构"车身阶段

这种结构方式很大程度上只是现今比较流行的带加强筋钢结构的一种替代品,如图2-9所示。Audi公司在1985年就已经做过此方面的研究实验,本田汽车公司在1990年已开始把这种方法用于其产品NSX中。但铝合金装配方式的优越性在当时并没有得到实际运用。

图2-9 壳式支承结构车身

▲"空间框架结构"车身阶段

这种方式的第一次采用是在Audi a8中,车身的空间框架结构全部为铝合金制造,如图2-10所示。根据铝合金材料开发设计了多种多样的装配方式,将各个覆盖件相互连接在一起,现已实现了全铝车身设计制造。

图2-10 空间框架结构车身

★铝合金在汽车车身上的应用

现在汽车制造的一个趋势是使用铝等材料制造车身中大的覆盖件及板件,来减少车辆自身重量。以德国汽车车身为例,铝合金汽车零部件的主要应用如表2-3所示。

表2-3 德国汽车车身用铝实例

铝合金牌号	使用部位	铝合金牌号	使用部位
AlMg5.4Mn0.2-W	装饰件、后备厢内板	Ai-Mg0.4Si1.2	发动机盖、后备厢盖
AlMg25-W	强度要求不高的加强板	Ai-Mg5	仪表板、后靠背支架、门柱内衬板

铝合金还常用在保险杠、车身外板及底盘部件,下面简要介绍。

▲铝保险杠

保险杠作为吸收冲撞能量的缓冲体已普遍安装在轿车上(如图2-11所示)。铝保险杠、塑料保险杠同时出现以使车身达轻量化的目的。目前,塑料保险杠是主流,铝只作为增强材料而使用。

图2-11 铝保险杠

▲铝车身外板

轧制铝用于车身外板使汽车的铝化进入新的阶段。美国已在车身外板的许多零件上采用铝制造(如汽车翼子板,如图2-12所示)。但车身外板与其他部位的条件有很大差异,除要求力学强度和功能外,质量及手感也是要求很高的。从这一角度出发,涂装和表面质量问题就显得很突出。

除成本原因外，还有几方面的顾虑：伸长率不如钢好，弹性系数只有钢板的1/3，回弹大。因此，冲压成形性比钢板低，焊接性不如钢板。与钢板比，电导率高、熔点低、极易生成氧化膜，特别是与钢的焊接更难。由于铝的涂装性与钢板不同，铝板与钢板之间易出现涂装不匀现象。此外，由于柔软，易生成细小的伤痕，不但有拉伸滑移线、折皱、裂纹等加工缺陷，使用时的凹陷（由撞击引起的凹痕）也不可避免。

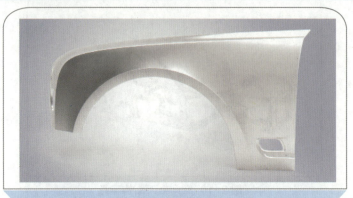

图2-12 铝制翼子板

▲铝底盘零件

铝合金制作的底盘，如图2-13所示。在底盘悬挂系统中目前取代钢铁材料的首选材料是铝。通用公司在凯迪拉克和克尔维特车的悬挂系统使用了铝合金部件，还加大了悬挂系统转向节的制造中以铝替代铸铁的规模。福特公司使用了铝合金的制动盘，该制动盘重量仅为2.27 kg，为原铸铁盘的1/3，尽管费用较高，寿命却是铸铁盘的3倍。克莱斯勒公司的NeodLite车底盘由于使用了大量的铝合金部件，重量减轻了许多，如转向机万向节重量降低了3 kg，下控制臂降低了2.6 kg，转向机壳降低了1.36 kg，转向轴降低了1.9 kg，后制动鼓降低了3.6 kg，前制动踏板架降低了0.8 kg。

图2-13 铝合金制作的底盘

③ 镁合金在车身上的应用实例

目前在汽车工业中镁合金用得最多的地区是北美，欧洲紧追其后，年发展速度已达30%（北美为30%，世界平均为25%），其目标都是造出百公里[①]油耗3 L的轿车，日本、韩国也在加紧追赶。

①1公里=1 000米。

汽车上使用的镁合金压铸件对减轻重量和提高性能的影响是十分显著的。丰田汽车的转向盘加装安全气囊后重量增加，采用AM60B镁合金压铸件后，重量比过去的钢制品、铝制品分别减少了45%和15%，同时也减小了转向系统的振动；奔驰公司用AM20和AM50压铸的座椅骨架，重量比过去的冲压焊接钢结构件也大大减少；通用EV1轿车用镁合金制成的仪表板，将20个冲压及塑料零件组合成一个压铸件，不但重量减少了3.6 kg，而且增加了刚性，减少了装配工作量；福特公司用镁合金AM60生产的座椅支架安装在微型货车上，以取代钢制支架（如图2-14所示），使座椅重量从4 kg减为1 kg。其卡车离合器壳改用AZ91D镁合金压铸件，不但无大气腐蚀问题，耐海水腐蚀性也比铝合金壳体好，延长了使用寿命；Cadillac DeVille车型使用AM50镁合金铸造的仪表板仅重6.8 kg，比以前的散件组装钢结构轻了20.4 kg，而且增加了刚性，减少了装配工作量。

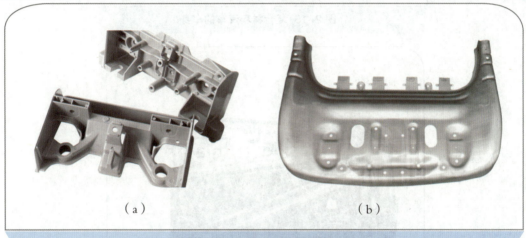

图2-14 镁合金座椅支架及骨盆

（a）座椅支架；（b）座椅骨盆

④ 复合材料在车身上的应用实例

复合材料在车身上的应用主要经历了如下三个阶段：

★复合材料部件

这是复合材料应用于车身的第一个阶段，整个车身仍使用钢制件，仅在保险杠或四门两盖上采用复合材料，如复合材料的发动机盖、车门、后备厢盖等。图2-15所示为阿斯顿·马丁汽车的复合材料车身。

车门作为汽车车身中精度最高、配合最多的部件，用复合材料制造在设计上有特殊的难度，其中车门内、外板是车门总成中所有零部件配合的核心。

车门外板部件如图2-16所示。内表面用几个组合好的预埋零件首尾相接成一个封闭筋框以增加其刚度。左侧中间预埋零件，用于安装车门铰链。左侧边上、中、下有3个斜块，用于加强封闭筋框的两个角部，预埋后可使承受车门重量的能力和车门抗扭能力显著提高。预埋零件1是一块钢板，用于固定后视镜。预埋零件2的作用是固定车门锁和窗框架。预埋零件3是一块钢板，用来加强门的刚度。

图 2-15 复合材料汽车的车身

图 2-16 车门外板部件

车门内板结构如图 2-17 所示。在内板的两侧开有空框和一个槽框。开两个空框是为了节约材料和装配维修的需要；中间是升降机构滑块的轨迹，上沿小矩形是装配内开关拉手的地方。孔 1 和孔 2 应从对称中间槽框钻出，以便在与外板合装时作为定位孔保证升降轨迹的正确性。

图 2-17 车门内板结构

车门分组件是将车门内、外板部件经二次胶接复合成整体结构,并将一系列有内在联系的孔一起钻出,复合成整体结构(如图2-18所示)。

图2-18 车门的整体结构

车门内、外板部件经二次胶接复合成车门分组件的主要优点在于:
● 增加了车门刚度,使之压密封条的能力显著增强,脱模后产品不会变形。
● 胶接时,内、外板胶接边因外板胶接处积胶未固化,使胶接牢固可靠,且不需清理胶接边就很容易地保证了合装高度,从而保证了密封质量的稳定性。
● 省去了清理、合装、周边装饰等工序。
● 内板上装升降机构的3个孔与外板上装玻璃钢框的6个孔有机地结合在一起,使升降机构和升降玻璃的空间轨迹吻合。
● 锁体孔和锁芯孔及门铰链孔的位置也相互定位,给车身门框上对应孔定位创造了条件,从而使车门处于车身门框中的位置不受手工配件影响。
● 外板上6个孔同时定位,起到了避免玻璃窗框焊接后变形的作用,使窗框架外轮廓与门框一致,保证了配合间隙均匀。

★ 复合材料的框架结构

这是复合材料应用于车身的第二阶段,对于需要较大承受载荷的底盘依然使用钢材,但整个车身使用复合材料。如克莱斯勒的CCV,其车身采用玻纤增强热塑性聚酯注射成形(如图2-19所示),可用于大规模生产。

车身部分由4块浇注的车壳胶接而成,而需要承载车辆自重和结构载荷(如转向机构、独立悬架和刹车系统)的车架,CCV仍旧使用了钢材。最后再用4只螺栓将车架与车身连成一体。报废后几乎可百分之百地循环利用。

采用此种制造方法的好处是:

首先,CCV的总零件数减少了约75%,从一般同类汽车的4 000多个降低到1 100个左右,这一方面简化了总装,减少了生产时间,与克莱斯勒 Neon 相比,CCV 的制造时间只要 6.5 h,远远低于 Neon 的 19 h;另一方面,更少的零件数量意味着更低的物流成本。

其次,CCV的整个建造工厂的投资也低于3亿美元,

图2-19 克莱斯勒的CCV车身

仅相当于建造一个集总装、冲压、发动机生产为一体的工厂的1/3。因为车身的上色可通过对塑料调色，在浇注时一并完成，所以免去了涂装车间的投资。当然，冲压工厂也不再需要了。

最后，尽管车身使用了复合材料，但车辆的总成本仍十分低廉。这是因为CCV车身使用的树脂材料与普通饮料瓶的相同，其原料的15%就来自回收的塑料瓶。同时使用与塑料瓶一样的树脂材料也意味着市场上有着充分的原料供应，且价格便宜。

★复合材料车身

这是复合材料应用于车身的第三阶段，即整个汽车包括车身、车架全部使用复合材料制造。早在1992年通用汽车推出的碳纤维复合材料车体的概念车Ultralite（如图2-20所示）充分展现了碳纤维复合材料（CFRP）在车辆用途上的好处，一体成形的车体重量为192 kg，比钢坚韧，密度仅为钢的四分之一。整个硬壳式结构共有6个基本部分：底板、左右侧板、左右车门和尾板，车身和全车大部分结构均采用碳纤维合成材料制成。车身无中间支柱，但仍能提供足够的两侧保护。其刚度较现代汽车高出好几倍。骨架结构采用碳纤增强塑料，外覆盖件采用玻纤增强塑料。车身材料成本为1.3万美元。此种结构单单从性能角度来看无疑是最好的，但高昂的制造费用却限制了其大规模的推广。

图2-20 通用概念车Ultralite车身

（4）电子控制技术的应用

电子控制技术应用于轿车车身，改变了驾驶操纵形式和操纵结构的外观，提高了轿车的自动控制能力，如自动导航装置等。另外，车身自动控制安全系统和传统的驾驶员获得汽车行驶状况信息的方式的彻底变更，进一步提高了轿车行驶的安全性，室内环境的自动控制有利于创造一个舒适的乘坐环境。

从车身设计的手段来看，计算机的辅助设计系统，创造了更高的设计效率，能够提供多种车型方案。

（5）空气动力学的研究及应用

汽车空气动力学的研究结果，对汽车车身造型设计产生着直接的影响。在轿车车身的外形设计中如何应用空气动力学原理来塑造车身形体已成为轿车车身造型设计要考虑的主要方面，包括车身外形应保证汽车高速行驶时有很好的横向风稳定性、降低车身空气动力的噪声、提高车内自然通风效果等。

（6）人体工程学的研究及应用

人体工程学的研究及应用是改进汽车使用性能的最直接的措施，特别是对驾驶条件及使用环境的改进尤为显著，是进行车身室内布置设计的理论依据。现代轿车的内饰设计是从"人—车环境系统工程"的理论来考虑的，不仅座椅、仪表板及所有操纵控制装置的尺寸和形状及位置是以人体工程的基本原理为依据的，而且车内空间尺寸由人体尺度决定，内饰的色彩、质感等也是以适应人的心理要求来设计的，从而达到给乘员以舒适、轻松的心理感觉。

2. 汽车车身设计的要求及原则

汽车车身的使用性能要求和使用环境的独特决定了现代轿车车身设计所必须满足的要求和需要达到的目的。这些要求和目的的主要有：

- 车身结构强度须能承受在其整个使用寿命内可能达到的所有静力和动力载荷。
- 车身布置必须提供一个舒适的室内空间、良好的操纵性和乘坐方便性以及对大自然影响的抵御能力。
- 车身必须具有良好的对车外噪声的隔声能力。
- 车身的外形和布置必须保证驾驶员和乘员有良好的视野。
- 车身材料必须是轻质的，以使整车重量降低。
- 车身外形必须具有低的空气阻力，以节约能源。
- 车身结构和装置措施必须保证在汽车发生事故时对乘员提供足够的保护。
- 车身结构材料必须来源丰富、成本低，所选择的材料必须能够实现高效率的制造和装配。车身结构设计和选材须保证车身在整个使用期间满足对冷、热和腐蚀的抵抗能力。
- 车身的材料必须具有再使用的特征。
- 车身的制造成本应足够的低。

总之，从决定车身设计的因素和车身设计必须满足的要求来看，在进行轿车车身设计时必须遵循以下原则：

- 车身外形设计的美学原则和最佳空气动力特性原则。
- 车身内饰设计的人机工程学原则。
- 车身结构设计的轻量化原则。
- 车身设计的"通用化，系列化，标准化"原则。
- 车身设计符合有关的法规和标准。
- 车身开发设计的继承性原则。

任务二　汽车车身的类型

汽车的品种繁多，车身的形式各异。按汽车的用途来分，有轿车车身、大客车车身、货车车身和专用汽车车身；按所用材料来分，有钢板结构车身、塑料车身和钢木混合车身、铝合金车身等；按与底盘的连接方式来分，又有有车架式和无车架式车身。但是，更多的观点是按照受力的情况区分，即非承载式车身、半承载式车身和承载式车身。

一、车身按照受力分类

1. 非承载式车身

（1）非承载式车身的优点

非承载式车身亦称有车架式车身，货车（除微型货车外）以及在货车的底盘基础上改装的大客车和专用汽车、某些对舒适性要求高的高级轿车都属于这一种。其主要特征是：车身下面有足够强度和刚度的独立车架，车身与车架通过木条、橡胶垫等减振材料多点柔性连接。发动机和底盘各部分，大都直接装配在介于车身主体和汽车行驶系统之间的车架上，车身本体除承受自重、货物、乘客引起的载荷以及空气阻力和惯性力外，其他大部分载荷几乎全部由车架承受，车身本体不承载或只在很小程度上承受由于车架弯曲或扭曲变形所引起的部分载荷。而汽车在崎岖不平的路面行驶时，底盘传上来的振动和冲击又被车身和车架间的弹性元件所吸收，因而非承载式车身具有如下优点。

① 减震性能好

可以由车架以及车身之间的弹性元件来有效地吸收来自各方面的冲击与振动。

② 工艺简单

车身与底盘可以分开制造、装配，然后再组装到车架上。

③ 易于改型

由于以车架作为车身的基础，能很方便地按使用要求单独对车身进行改型、改造。

④ 安全性好

当汽车发生碰撞事故时，大部分冲击能量由车架及弹性元件吸收，从而对车身主体能起一定的保护作用。

（2）非承载式车身的缺点

① 质量大

由于车身壳体不参与承载或很少承载，故要求车架应有足够的强度与刚度，车架因此被制作得较为宽大，从而导致整车重量增加。

② 重心高

由于有车架介于车身主体与底盘之间，多加了一层难以大幅度下沉的高度，给降低整车高度带来了一定的困难。

③ 投入多

制造车架需要一定厚度的钢板，这不仅提高了对冲压设备的工作要求，使投资加大，而且焊接、检验及质量保证等工作也随之增多。

（3）非承载式车身的车架结构形式

车架是跨装在汽车前后轴上的桥梁式构件，是非承载式车身的整车安装基础。其功用是支承并连接汽车的各零部件和总成，并使它们保持正确的相对位置，承受来自车上和地面上的各种静、动载荷。为此，车架结构形式应首先满足汽车总布置的要求；其次，应具有足够的强度与适当的刚度，以满足整车的承载要求和行驶条件，保持其上各总成和部件之间的相对位置；最后，应最大限度地降低汽车重心位置并允许转向车轮获得较大的转向角，以提高汽车行驶的稳定性和机动性。

其结构形式归纳起来，可分为以下三种类型。

① 框式车架

★边梁式

边梁式车架是框式车架中比较有代表性的结构，在客、货车上应用最广泛。边梁式车架由两根位于两边的纵梁和若干根横梁组成（如图2-21所示），用铆接法或焊接法将纵梁与横梁连接成坚固的刚性构架。纵梁通常用低合金钢板冲压而成，断面一般为槽形，也有的做成Z字形或箱形断面。根据汽车形式不同和结构布置的要求，一些车型的纵梁在纵向平面内（有时往往同时在水平面内）被做成弯曲的或被做成等应力梁。弯曲的纵梁是为了适应一

图2-21 皮卡边梁式车架

些要求承载面低的车辆，将相当于前后轴的部位制作成过渡上弯的曲形纵梁，从而使承载面能够降低。等应力梁是纵梁断面高度从中向两端逐渐减小，形成不等高断面，这样，可使应力分布较均匀，同时又减小了质量。但为简化工艺，对承载面高度无特殊要求的车辆，一般采用直线式或等截面车架纵梁；左、右纵梁上制有很多的安装孔，用以安装转向机、钢板弹簧或铺设管路等。

横梁用以支承汽车上主要部件，同时用来保证车架的扭转刚度和承受纵向载荷。通常的货车有5~6根横梁（如图2-22所示）。横梁一般是用钢板冲压成槽形断面。为增强车架的抗扭强度，有的采用管形或箱形断面的横梁。

图2-22 货车边梁式车架

车架的前端一般都装有简单的拖拽钩（如图2-23所示），以便在汽车发生故障或陷入泥坑的情况下，可以用别的汽车来拖拽它。后横梁上装有拖带挂车用的拖拽钩总成，因为后横梁要承受拖拽钩传来的很大作用力，故常用角形板加强。

有些越野汽车在车架纵梁前端两侧装加长梁，以便在加长梁前端安装绞盘装置和专用的保险杠（如图2-24所示）。在未装有加长梁的纵梁上，其前端两侧备有一组冲孔，以便需要加装绞盘等装置时，可以紧固左、右加长梁。

图2-23 车架前端的拖拽钩

图2-24 专用保险杠

轿车车速较高,为保证其稳定地高速行驶,需要其重心高度尽量降低。既要降低车架的位置,又不影响前轮转向时的转角空间和悬架变形时轿车的跳动。因此车架的前端做得比较窄,后端局部向上曲;同时横梁往往采用X形布置,以提高车架的扭转刚度。

大型客车的车架通常为平行梁结构(如图2-25所示)。有些大型客车的车架在前后两车桥的上面设计出较大的弯度,用以降低汽车重心和底板的高度,从而既提高了行驶时的稳定性,同时又给旅客的上、下车带来了方便。

边梁式车架的结构特点是便于安装车身(包括驾驶室、车厢及一些特种装备等)和布置其他总成,有利于改装变形车等,因此被广泛采用在货车和大多数的特种汽车上。

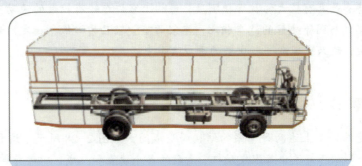

图2-25 大型客车的车架

★周边式车架

周边式车架(如图2-26所示)实际上是适应轿车车身底板高度要求,从边梁式车架派生出来的。目的主要在于尽量降低底板高度,这种车架前、后两端的纵梁收缩,中部纵梁加宽,前端宽度取决于前轮最大转向角,后端宽度取决于后轮轮距,中部宽度则取决于车身门槛梁的内壁宽。这种车架的最大特点是:前、后狭窄端通过所谓的"缓冲臂"或"抗扭盒"与中部纵梁焊接相连,前缓冲臂位于前围板下部倾斜踏板前方,后缓冲臂位于后座下方。由于它是一种曲柄式结构,容许缓冲臂具有一定程度的弹性变形,可以吸收来自不平路面的冲击并降低车内的噪声。此外,由于车架中部的宽度接近于车身底板的宽度,从而既提高了整车的横向稳定性,又减小了车架纵梁外侧装置件的悬伸长度。这种形式车架的缺点是结构复杂而且成本较高,所以仅被广泛应用在高级和中级以上的轿车上。

图 2-26 周边式车架

② 中梁式车架

中梁式车架主要由一根位于汽车纵向对称平面内的、较粗的纵向钢管和若干根横向悬伸托架组成。中间的粗管有圆形的，也有矩形的，传动轴装于管内而形成闭式传动系统（如图 2-27 所示）。

这种车架的特点是具有较大的抗弯扭刚度，结构上容许车轮有较大的跳动空间，适于装配独立悬挂的越野汽车。与同等吨位的汽车相比，车架的重量轻且质心低、稳定性好。但这种车架工艺复杂，维修不便，故只出现在一些少数的进口汽车中。

③ 综合式车架

综合式车架是综合了上述两种车架的结构而形成的，如图 2-28 所示。这种车架的前后端近似于边梁式结构，形状正好适合装配发动机、底盘的各个装置和总成，中部脊梁则为一根中梁管，宽度和高度较大，有很高的抗扭刚度，传动轴也纵贯通于管内。因俯视整体像一个字母X，因此也称为X形车架，其优点是因为相当于车门槛的附近没有边梁的影响，故可以使底板的外侧高度有所降低。缺点是中间梁的断面尺寸大，从而造成乘客室中部凸起，非规则性的脊梁构件也影响了车架的生产工艺性。

图 2-27 中梁式车架

图 2-28 综合式车架

④ 其它类型车架

目前在某些高级轿车上采用了一种 IRS 型车架,如图 2-29 所示。IRS 车架的后部车架与前部车架用活动铰链连接,后驱动桥总成(主传动器、差速器)和后独立悬架均安装在后车架上,半轴与驱动轮之间用万向节连接。这样独立悬架可使汽车获得良好的行驶,活动铰链点处的橡胶衬套可使整车获得一定的缓冲,从而进一步提高汽车行驶的舒适性。

有些轿车为了减轻车架重量,尽量做到轻量化,而采用了半车架,如图 2-30 所示。在车身前部有一部分车架称为半车架(或短车架),而后部无车架,发动机和前悬架安装在车架上,这样可使车身局部得到加强。

图 2-29 IRS 型车架

图 2-30 半车架

2. 半承载式车身

半承载式车身多用在长途客车和城市客车上,其产生的原因是为了在一定程度上降低客车的底板高度。

半承载式客车车身结构复杂,各构件应力分布也很复杂。其车身分为底盘车架和车身骨架两部分,采用刚性连接的方式形成一个整体。车架骨架也称为"龙骨",分为左侧围骨架、右侧围骨架、顶盖骨架及前、后围骨架等几个部分且相互焊接在一起,外面有车身蒙皮或覆盖件相连。

半承载式车身与非承载式车身结构大体一样,仍保留有车架,发动机总成、底盘悬挂等也装在车架上。与非承载式车身相比,车身与车架的装配方式和车身的受力状况不同。装配上它取消了车身与车架间的弹性连接元件,而把车身主体与车架刚性地焊接为一体,因车架往往比车身壳体窄,故一般在车架上横向铆有或焊有悬伸梁,壳体底部直接与装配在车架纵梁上的悬臂梁成刚性连接。

与车架铆接或焊接在一起的车身壳体同车架一道受载。因车架及悬臂梁承受部分载荷,而且车身也要承受部分余下的载荷,故我们称之为半承载式车身。

3. 承载式车身

承载式车身的一个突出特征是没有车架(如图 2-31 所示),汽车各部件直接装配在车身上,汽车的所有载荷,包括载重量、驱动力、制动力以及来自不同方向的冲击、振动等,全部由车身来承受。

承载式车身虽然没有车架,但车身主体是采用组

图 2-31 承载式车身

焊等方式制成的整体刚性结构，而且车身壳体下部分也做成类似于车架功能的车身底板或底架，并将其刚度适当加强。这样，整个车身（包括底板、骨架、内外蒙皮、车顶等）都参与承载。当车身整体或局部承受载荷时，承载力会依力的传播特性被分散开来分别作用于各个车身结构件上，从而在车身的整体刚度和强度下，当载荷不超过正常的设计载荷时，仍然能够保证壳体不易发生永久性变形。承载式车身有许多优点，主要体现在以下方面。

（1）干质量小

由于承载式车身是由许多薄钢板冲压成形的构件组焊成一体的，因而具有质量小、刚性好、抗弯扭能力强等许多优点。

（2）生产性好

承载式车身适合现代化大生产。它不像制作车架那样使用厚钢板冲压，再行焊接，而是采用容易成形的薄钢板冲压；并且多采用点焊或多工位自动焊接等工艺，实行自动化生产方式，车身组焊后的整体变形小，而且生产效率高、质量保障性好。

（3）结构紧凑

由于承载式车身不使用独立的车架，所以汽车整体高度、质心高度、承载面高度都能降低，室内空间也有条件相应增大。

（4）安全性好

由薄板冲压成形后组焊而成的车身，具有均匀承受载荷并加以扩散的功能，对冲击能量的吸收性好。尽管当汽车发生冲撞事故时的局部变形较大，但对乘客室的影响相对小得多，使汽车的安全保障性得到改善与提高。

承载式车身也存在一定的不足，较为突出的缺点是：底盘部件与车身结合部在汽车运动载荷的冲击下，极易发生疲劳损伤；乘客室也更容易受到来自汽车底盘的振动与噪声的影响。为此，需要有针对性地采取一些减振、消噪等技术措施。另外，这种一体式构造的车身，由事故所导致的整体变形较为复杂，并且车身整体定位参数的变化还会直接影响到汽车的行驶性能，因此车身维修作业中对整体参数复原时，不仅难度大而且须使用专门设备和特定的检查与测量手段。

4. 空间构架式车身

如图2-32所示，空间构架式车身（Audi Space Frame，ASF）是奥迪研发的以铝为主要材料，结合其他材料构建车身的轻量化技术。

1994年，奥迪首次推出ASF奥迪空间框架结构技术，并在德国内卡苏姆建立了奥迪铝和轻质设计中心。在这里工作的多名专长新连接技术、车身结构、材料技术和构造技术的科研人员，长期致力于寻找车身轻量化技术的最优解决方案，不断发展这一车身轻量化的先锋技术。如今，这项奥迪独创的被称作 ASF 奥迪空间框架结构的车身轻质技术，已经运用于 A8、TT、R8 等众多量产车型上。

图 2-32 奥迪 R8 ASF 车身

ASF 奥迪空间框架结构是一种高强度的铝合金框架结构，它采用一流技术，打造全铝空间框架车身，将所有面板嵌入其中，因此还具有承载功能。由于与这些高强度铝合金面板一起使用，铝制车身还具有极佳的刚度，可提供出色的防撞功能，这种高强度刚性结构不但增强了车辆的安全性和操控性能，同时还大大降低了车身重量。奥迪 ASF 技术在研发过程中获得上百项专利以及"2008 年欧洲年度发明奖"。

二、车身按照材料分类

1. 钢制车身

车身材料中使用最多的是钢板，这是因为钢板的成本低、加工性好，适合于一般的大批量生产。

钢板的种类有多种，其中还有特殊钢板，分别用于车身的不同部位。例如，担心生锈的部位使用镀锌钢板，承受应力大的部位使用高强度钢板（例如东风雪铁龙 C2 高强度车身骨架，如图 2-33 所示）。

车身专用的钢板具有深拉延时不易产生裂纹的特点，不仅易于加工，而且增大了汽车设计的自由度。

图 2-33 雪铁龙 C2 高强度车身骨架

2. 轻金属车身

汽车车身材料主要采用钢，下面主要介绍本田 NSX 采用的全铝合金车身（如图 2-34 所示）。

铝的比重是钢的三分之一，强度也是钢的三分之一，但铝合金的强度非常高，是取代钢材，实现车身轻量化的主要金属材料之一。

铝具有很强的抗锈蚀能力，但与钢铁接触时却会产生独特的电蚀现象，即铝构件如果与钢铁构件直接相接，铝与铁之间因为产生电位差，造成铝的电化学腐蚀。为此，需要对螺栓等钢制零件施行涂层处理与铝绝缘。

图 2-34 本田 NSX 全铝合金车身

铝制车身也是通过冲压将铝板制成各个车身部件，然后再加以组合成型。铝的冲压与焊接的工艺与钢车身基本相同，但冲压加工和焊接比钢困难，批量生产存在较大难度，适合于年产几千辆中等规模的批量生产。

但是，铝车身具有重量轻的优点，是中等批量运动车最佳的车身材料。本田 NSX 比钢制车身轻 140 kg，这相当于减轻整车重量 10% 左右。

其中在 2002 年，全新奥迪 A8 全铝车身（如图 2-35 所示）通过使用性能更好的大型铝铸件和液压成形部件，使得 50 个车身零件减至 29 个，车身框架完全闭合。这种结构不仅使车身的扭转刚度提高了 60%，还比同类车型的钢制车身减重 50%。铝车身的推出，使汽车向轻量化发展迈出了重要一步。捷豹 XK 更是将铝合金技术与轻量化优势发挥到极致，不仅车身零件总数从 5 189 个减至 2 761 个，车身刚性更一举提高了 48%。

3. 非金属车身

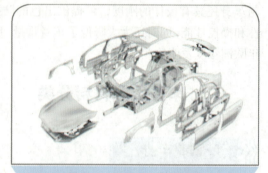

图 2-35 奥迪 A8 全铝车身

车身因采用塑料材料而具有轻量、防锈的特点。现在，汽车的保险杠几乎都是树脂的，不需要强度的车身外板也采用塑料材料制造。

这些塑料件大多使用加工性好的聚丙烯或聚酯系热塑性树脂。这些树脂材料只要制作出模具便可批量生产，成本低，而且材料可以回收再利用。同时，这些材料由于富有弹性，产生微小变形时还可恢复原形，所以具有作为汽车外覆盖件材料的优良特性。

但是，树脂材料不耐高温，强度也不如金属高，只能用于部分车身外板。未来通过改进这些弱点，有可能提高塑料在汽车上的利用率。

除上述聚丙烯和聚酯系树脂材料以外，还有使用以树脂固化玻璃纤维的 GFRP（玻璃纤维增强塑料；一般称 FRP）制造的车身。这种材料由于强度并不十分好，所以往往用来做空间构架结构的车身外板。

玻璃纤维增强塑料，是采用手工作业把玻璃纤维贴在树脂模上制成的，不适合大量生产；可是它无须昂贵的模具和设备，所以反而成本低廉，适合于小批量生产。对于空间构架结构的车身来说，无论从结构方面，还是从批量规模方面，采用玻璃纤维增强塑料是再合适不过了。

玻璃纤维增强塑料是适于年产几百辆车规模所使用的材料，用于作为样车的赛车和跑车（如兰博基尼 Murcielago LP-640，如图 2-36 所示），玻璃纤维增强塑料缺乏弹性，碰撞后易开裂，但具有容易修复的特点。

图 2-36 兰博基尼 Murcielago LP-640 的玻璃纤维车身

在这些树脂系的材料中，CFRP（碳素纤维增强塑料）可谓最尖端的材料，它是一种中间夹有铝蜂窝夹层结构芯材的材料，俗称碳素纤维（如图 2-37 所示的保时捷 911 碳素纤维车身）。

图 2-37 保时捷 911 碳素纤维车身

4. 车身材料的再利用

在人们重新认识环境保护的时代背景下，对资源再利用采取对策已成为企业的社会责任之一。再利用是指回收已经废弃的物品，再生处理其原材料后继续使用。这不仅有效地利用了资源，而且还减少了垃圾量的问题。

从报废的车上可分选出铝、铁和铜等材料以便再使用。在以前，玻璃和塑料一般作为垃圾处理；而现在，将这些玻璃和塑料加以回收处理，可以有效地利用资源。

在开展环境保护的发达国家，资源再利用的活动广泛展开。在日本，也开始在汽车制造中考虑如何便于材料回收。

材料回收的很大障碍就是挑选原材料。汽车的结构应易于解体，零部件的材料应易于辨识，车身是由容易解体的材料组成的。为了便于识别塑料的种类，在零部件上标有表示材料的标记，而且在设计过程中要考虑到材料回收问题。

我国自改革开发以来，国民生产总值持续快速增长。党和政府很早就提出了可持续发展观的战略，充分认识到环境保护和能源再利用的重要性。党的二十大报告也指出"坚持绿水青山就是金山银山的理念。"更加注重环境保护。随着我国汽车工业的飞速发展，高效减排已经成为车辆生产和使用的重心，在车辆新技术、新材料、新工艺应用等方面也取得了长足的发展，当前国产新能源汽车技术已经走在了世界前列，为创造全人类共同的美好生活环境做出了巨大贡献。

任务三　汽车车身的要素及表面特征

一、汽车车身要素

1. 车身的安全性

汽车在发生碰撞时，如果车身不能适当吸收冲击能，那么就会对乘客产生强大的冲击。为了在前后方向撞车时使车身撞坏，车身要有一定程度的空间，这种车身称为可毁车身。

尤其是在前方撞车时，为了使发动机室受到适当的损坏，而不使变速器等从车内飞出，就要考虑设有一定的空间。

相反，车身的构造不牢固不仅容易被毁坏，而且会损伤乘客。汽车发生横向碰撞时，没有多余的空间使毁坏车身吸收冲击能；只有一个办法，那就是在制作车身过程中进行加固处理（比如汽车车门安装的加强梁，如图2-38所示）。

图 2-38　汽车车门安装的加强梁

总之，车身防碰撞性能的最重要一点，就是在吸收冲击能的同时减少车身的损坏程度。

2. 车身的刚性

强度是指在汽车发生碰撞等对车身施加很大外力作用而车身不易被损坏的情况。车身刚性是指在施加不至于毁坏车身的普通外力时车身不容易变形。

外观牢固的车身，在行驶中会受到各种外力而产生变形。如果变形量小，那么就可以说它的刚性好。明确地说，就是车身有坚固感。强度和刚性虽不是同一概念，但是强度高的车身刚性也好。车身刚性差的汽车行驶在凸凹路面上时，容易发出嘎吱嘎吱声。因此在设计车身内饰材料时，可以在某种程度上解决产生噪声的问题。

随着车轮和悬架系统的进步及发动机输出功率的增大，车身承受的外力逐渐加大，在高速转弯时，车身刚性的好坏便全部暴露出来。转向是否稳定与悬挂系统和车轮的优劣有着密切的关系，鉴定车身的刚性需要具有一定的经验。

日本车和欧洲车在刚性方面存在差异。最近，日本的汽车生产厂家开始注意提高车身的刚性。一些汽车装备了提高刚性的零部件。

可见的典型对策是采用支撑杆，即用拉杆连接左右悬架的安装部分，起密封断面的增强作用。当然，最基本的是采取不可见的加强措施。装备多种型号发动机的车种，只对装备大马力发动机的车装用支撑杆，具有尽量使车身通用化的优点。

3. 光滑表面车身

在车身上安装有车门、发动机盖、后备厢盖等各种零部件。光滑表面车身就是尽量减小这些零部件接合面的断差和间隙，使车身表面平滑化。

车身表面实现平滑化，可起到减小风阻声的效果。因为在车身零部件接合缝处卷入空气会产生很大的风阻（如图 2-39 所示），所以，汽车生产厂家都希望尽可能减小零部件的间隙。

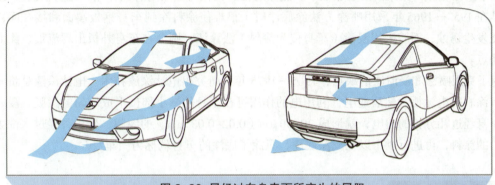

图 2-39 风经过车身表面所产生的风阻

但是，要减小间隙并不容易，要求有很高的制造精度，因为在车身的断差部位产生的空气流会形成很大的风阻声，尤其是车窗玻璃部位发出的声音。

车身的光滑表面不仅解决了风阻声的问题，而且在降低空气阻力方面也很有效，因为在间隙里卷入空气或断差产生空气流都会扰乱流动在车身表面的空气气流。

4. 车身的降噪遮蔽

除了采用光滑表面减少风阻声的发生，还需要防止风阻声进入车内。钢板制的车身覆盖件振动后容易传播噪声，所以必须采取措施吸收噪声。可能有人会注意到，在地板下面贴有柔软的石棉垫，这些被称为隔声材料或吸声材料，可减小通过车身传到车内的噪声和振动。

除地板外，在很多看不见的部位使用聚氨酯，尤其是容易传入噪声的部位被具有特殊结构的减振板覆盖起来。

减振板是用钢板夹石棉制成的，可吸收传到板件的振动，减小透射噪声。

发动机噪声与以往相比降低了很多，但并不是没有噪声。为了降低车内及车外的发动机噪声，有时在发动机盖内侧面粘贴隔声材料。

目前，轿车室内材料基本上都使用树脂内饰遮盖，使用这种材料的内饰板不仅质感良好，而且在撞车时车内乘员不易受伤。

5. 车身的涂漆

车身的涂漆不仅可以提高车身的美观性，还具有防止车身被腐蚀的作用。

漆膜厚度只有 0.1 mm 左右，要求在严冬或炽热的沙漠中使用时，漆膜不容易褪色和产生裂纹。同时还必须能够承受沿岸地区海风的腐蚀，以及酸雨引起的化学变化等。

汽车的涂漆并不只是一次喷涂而成，而是经过几道工序才能完成。基本上有涂底漆、涂中层漆和涂面漆三道工序。下面简要介绍汽车生产厂中的自动涂漆过程。

（1）涂底漆

焊接完成后的车身如不及时处理的话很快就会生锈，所以需立即移到全自动涂漆工位。为了防锈和增强底漆漆膜的附着力，最开始用磷酸盐化学处理后在车身上形成覆盖膜。

接下来涂底漆（涂漆面的最底层），底漆起促进钢板与面漆附着的作用，是防锈的重要工序。早在1955—1965年采用喷涂方法涂底漆时，很难使涂料涂到车身钢板端面和接合面，这些部位便发生锈蚀；而若采用浸渍（车身侵入涂料）法涂漆，则会在车身外板出现流痕、漆面不光滑等缺点。

为了克服喷涂和浸渍法的缺点，1965—1975年，研究出电泳涂漆技术。电泳涂漆是将车身浸入装有涂料的电泳槽，然后通电，利用电的作用可在车身的微小部位形成均匀的漆膜。浸入电泳槽的车身经过几分钟的通电，就形成20~30μm（0.02~0.03 mm）的漆膜，然后，经过水洗去掉没附着上的涂料，再进行烘干以完成涂底漆，只涂了底漆的车身就称为白车身。

（2）涂中层漆

在涂底漆阶段，涂漆表面粗糙，对白车身直接涂面漆不能得到良好的涂漆效果。因此，为了提高涂漆的最终质量，还要进行厚度为30μm的中层涂漆。

中层涂漆质量的好坏，对最终的涂漆表面影响很大。中层涂漆的作用是在受到敲击时不容易出现深划痕。

中层涂漆工序采用的是静电涂漆法。涂漆的方法是：使喷出的微细粒状涂料带正电荷，车身侧为负极，利用静电使涂料吸附在车身上。

普通喷涂喷的涂料中只有30%附着于车身，静电涂漆涂料的附着量可达90%。

（3）涂面漆

涂面漆与涂中层漆一样，主要采用静电涂漆。在这道工序上不允许任何微小异物附于车身，在没有杂质和灰尘的喷漆室内涂漆。

涂料的种类分为含反射光颜料的金属漆和普通单色漆。

单色漆的涂漆厚度达40μm，金属漆则在15μm厚的基层上再涂30~40μm的清漆。面漆涂完后开始烘干，涂料干燥后形成漆膜。

（4）涂金属漆

金属漆的基层中混有微细的铝粒子。光线通过铝粒子的反射，在漆膜深处闪闪发光，提高了面漆装饰性。

（5）涂漆的耐久性

汽车涂漆的问题在于不能永久地保持涂漆质量，随着时间的流逝会发生褪色和裂纹，最终漆膜脱落。

这种现象是由于阳光中含有的紫外线使漆膜老化造成的，是不可避免的。除阳光外，大气中的二氧化硫和酸雨也会侵蚀漆膜。

在漆膜上涂石蜡，一定程度上可保护漆膜，但在阳光下褪色仍是不可避免的。最有效的方法是把车存放在带屋顶的车库内。露天存车和车库存车对漆膜的损害程度大不相同。

（6）耐剥落涂漆

即使很小的尖锐物，也会刺破漆膜直至钢板，然后由此开始生锈，并在涂漆下面扩散开来。有的汽车在易受飞石击打的部位进行耐剥落涂漆。耐剥落涂漆也涂在底漆和中间层之间，还可涂在面漆上。

除涂覆耐剥落涂层外，还在表面看不见的底板下面和车轮罩内侧涂很厚的底漆作为保护层。涂底漆后，弹起的石子即使击到车身上，也很难损伤涂漆面，所以可有效防止漆面生锈。

（7）四层涂漆

汽车一般涂三层漆，而四层涂漆一般用于部分高级轿车。要实现漆面光泽、漆膜厚度均匀、漆面光滑，仅采用普通的三层涂漆是有限度的，为谋求更好的涂漆质量，必须采用四层涂漆。在涂漆过程中，可涂两次面漆，也可涂两次中间涂料。

二、汽车表面特征

1. 车身造型艺术的整体感和表面型线

汽车作为一种艺术性的产品，其外表造型反映的是一种雕塑艺术，尽管它由许多总成和部件组成，其各个部分相对独立，但这些局部组合在一起以后，共同反映了一个主体内容，因而在外观和内涵上形成的是统一的整体。

汽车造型艺术的表现形式，除了反映在宏观上的整体象形艺术外，还反映在车身外表面上各种型线的运用形式。

汽车表面的型线是指反映在汽车外表面的、同时起到增强车身艺术特点的各种线条（如图2-40所示）。例如，表面制出的各种走向的筋、彩色线条、装饰条、杆状构件等。

图2-40 车身上的各种线条

这些型线的组织运用，一方面为汽车的表面增强了车身的艺术效果，另一方面也为车身表面的修复调整提供参照。从车身的艺术角度而言，表面型线大都遵从下述两种规律进行排列，以达到使汽车各部分更加协调。

● 在型线的排列方式上，大都采用放射性的、相互平行的、相互垂直的、曲率相等的以及几何形状相似的线条；同时尽可能地采用重复的形状。后者最明显的例子便是大客车的车窗及窗框等零件。

● 在型线的尺寸上，往往使用一种或几种相同的比例划分。型线的比例规律源自古典装饰理论的黄金分割理论。有统计表明，在汽车的三维空间里，汽车的许多尺寸都在重复一种或几种比例（或者是一个或几个等比数列）关系，如长、宽、高的比例关系，头部与尾部的比例关系，车窗的比例关系，总长与轴距的比例关系等，这种关系还扩展到虚与实、宽与窄，以及凸和凹断面的高度等方面。

2. 汽车造型具有动感并符合视觉规律

现代汽车不仅是艺术品，更是一种高速交通工具，轻快灵活是汽车的最突出特点。因此需要汽车造型具有一定的动感性。

汽车的动感是利用人的视觉规律和结构造型来体现的，主要反映如下几方面。

（1）外形与自然界动物的外形相似

汽车车身与自然界动物的外形相似是车身造型具有动感的一个显著特征。例如意大利生产的模仿熊猫的轿车造型更显得含蓄优雅。

（2）汽车具有活泼流畅的线条和顺滑的车身表面

汽车作为活动的物体，它的外形感和表面线条的形状，在高速运动时会产生某种视觉上的变化。因为在行驶时，往往由于人眼的惯性（视觉暂留），人眼中的物像来不及转折而自然地将车身外形轮廓和表面型线辗平，从而使汽车具有与静止时完全不同的外形感。此外，如果车身表面及型线光顺，会使人觉得车身的动感增强；反之，则会削弱汽车的动感。因而，车身表面上的曲面和曲线一般都是光顺的。

3. 在车身表面强调水平划分线而削弱垂直划分线

因为汽车的运动方向是水平方向，为了强调车身在运动中的动感，往往在外观表现上充分而突出地强调水平方向的线条（如图2-41所示）。为此，车身表面和外表结构通常具有如下四种特征。

● 在汽车的侧面镶有明显的、贯通车身前后的水平装饰条。

图2-41 车身水平方向上的线条

- 在汽车侧面的覆盖零件上刻有前后直通的浮雕线。
- 用两种不同的色彩水平地划分汽车车身表面。

车身上使用不同的色彩是因为人的视觉常常会受物像吸引力的支配而发生变化，而且人会把物像感知为歪曲的形象。它可以解决汽车的各个总成和构件由于汽车结构的限制而无法协调的问题。

人们的视觉规律可用人们对不同色彩物体的大小的感觉来理解。例如，白色的图形比同样尺寸的黑色图形看起来要大一些；饱和红色的图形比同样尺寸的饱和蓝色的图形看起来小一些；光滑的表面比同样尺寸的粗糙表面看起来大一些。这是因为：白色反射的光量较多，具有扩张性，黑色吸收的光量较多，具有收缩性；同理，红色光比蓝色光的折射率小；光滑表面反射强烈而粗糙表面属漫反射。

- 削减车身窗支柱的数目和宽度，增大支柱间的跨距。

4. 车身表面具有符合人们视觉和光学规律的明暗层次

（1）车身表面具有不同的曲率，从而具有不同的聚焦能力

车身表面不同曲率的区段，其聚焦能力是不同的。曲率大（曲率半径小）的区段，聚焦能力强，影像浓缩；曲率小（曲率半径大）的区段，聚焦能力弱，影像扩散。

近代轿车腰线以下都有一条光亮线，无论车身表面朝向什么环境，光亮线始终是这一车身表面亮度较大的地方。光亮线不仅圆滑流畅，而且其宽度和亮度不会产生突变。光亮线在曲率大的地方显得窄而明亮，在曲率小的地方显得宽而暗淡，而在曲率很小的地方就消失了。

图2-42所示为a、b两种截面形状的镀铬装饰条，截面a的设计是正确的，它看起来光亮夺目，而截面b的设计则没有把光线反射到人眼内，因而未能充分利用电镀件强烈反射的特性，其设计是不合理的。

在车身侧面刻出浮雕，对各区段的曲率进行仔细设计，可使车身表面形成明暗不同的区段，

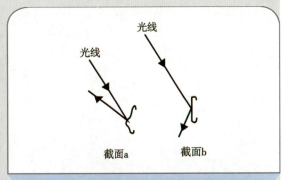

图2-42 车身两种不同截面形状的镀铬装饰条

或出现最亮和次亮的几条光亮线，这使车身的明暗层次更丰富，有助于加强汽车的动感和车身刚度，因而这种方法在目前被广泛使用。

（2）车身表面各区段具有不同的倾斜度，从而承受不同的光照量

从光学上可以知道，某一表面承受的光照量与该表面的法线和投射光线夹角的余弦成正比。如图2-43所示，将车身侧面分成三种不同的倾斜度，若光线按图示箭头方向投射，则区段1上单位面积承受的光照量最多，区段2次之，区段3最少。如果人站在汽车侧面观察，就能看到车身侧面分成三条明暗不同的带状区域；如果使区域的尺寸符合一定的比例关系，就会获得较好的艺术效果。

总之，车身表面符合人们视觉规律、光学规律的明暗层次，可使汽车外形获得良好的光学艺术效果。

图 2-43 车身表面具有不同的斜度

任务四 轿车的车身结构

汽车车身是驾驶员工作及休息的场所,同时也是容纳乘客和货物的场所。随着新技术、新工艺、新材料的开发与研究,汽车车身正向以安全、节油、舒适、耐用等技术为主导的方向发展。

一、轿车车身的结构分类

轿车按使用要求可分为普通轿车、高级轿车、旅行轿车和活顶轿车四种;就车身外形而言,轿车分为三厢式轿车和两厢式轿车;按受力情况划分,轿车可分为非承载式(有车架)轿车和承载式(无车架)轿车两种。

1. 三厢式轿车

三厢式轿车是指车身结构由三个相互封闭、用途各异的"厢"所组成的车。三厢分别为前部的发动机室、车身中部的乘客室和后部的后备厢,它们形成相互独立的三段布置。三厢式轿车的常见车型如图 2-44 所示。

图 2-44 捷达三厢轿车

2. 两厢式轿车

两厢式轿车,是一种将驾驶室和后备厢做成同一个厢体,并且发动机独立的布局形式。这种布局形式能增加车内空间,相应地,后备厢空间就有所减少。其常见车型如图 2-45 所示。

图 2-45 POLO 两厢轿车

3. 非承载式（有车架）轿车

图 2-46 所示为有车架车身非承载式轿车。显然，完整的车架形成一个承载体，是整车承载的基础，具有很大的抗弯曲与抗扭转的强度和刚度。轿车的发动机、传动系统、行驶系统、转向系统和其他附件等被牢固地安装在车架上，然后车架总成与车身通过悬置装置（如橡胶垫）连接，再安装上车前钣金件，便形成了整个车辆结构。值得注意的是，车身主体是一个焊接形成的整体空间结构，具有很大的刚度，它与车架连接起来后，能大大提高整车结构的刚性。实质上，由于车架受力后产生弯曲和扭转，车身必然也要受到由悬置点传递的载荷，从而部分地负担了整车受到的载荷。因此，这种车身结构形式是相对于承载式车身而言的。

图 2-46 有车架车身非承载式轿车

根据车身悬置装置的弹性特征、悬置点数和悬置点位置的不同设计，其车身所承受的整车刚性的程度是不同的。对于这种结构的车身，设计中合理确定车架和车身结构的刚度分配是非常重要的。对于现代轿车，由于强烈要求轻量化和降低地板高度，所以对于车辆结构来说，也要减少车架承担的载荷，而由车身来承担更多的载荷。这就是车架的断面高度逐渐减小、车架的刚度被削弱变软的缘故。采用有车架结构的现代轿车能最大限度地抵抗撞车时给乘客带来的伤害。

4. 承载式（无车架）轿车

图 2-47 所示为无车架车身承载式轿车。其前端由两根前纵梁、前围板、两侧挡泥板、前围内侧板等形成刚性较强的敞开式框架（安置发动机的部位）；车身中部由左右侧围（包括车门上框、门槛梁和前、中、后立柱等）和地板、顶盖、前围板、前风窗框、后备厢围板、后风窗框等形成封闭式的盒型结构（供乘坐的车厢）；其后端是由与后纵梁相焊接的后备厢地板及后轮内、外轮罩构成的后备厢。

图 2-47 无车架车身承载式轿车

这种车身结构由于没有车架作为车辆承载的基础，而由车身承受整车所受的载荷，因此，应具有足够的刚度（弯曲刚度和扭转刚度）和强度。为保证减轻重量的同时车身又有必要的刚度，要使车身的壳体能有效地承担载荷。另外，车身的底板部分、车前部分、侧围部分和后围部分都要采取结构加强措施，通过加强筋、冲压成满足车身设计要求的各种曲面形状及加设结构加强梁的方式来加强构件的刚度和强度，以使焊装成的整体车身满足车辆的刚度和强度要求。从车身结构来看，整体结构车身的刚度比非承载式车身的刚度大。整体结构车身可被看作将车架和车身焊在一起而形成的一个整体。

对于整体结构车身，由于在其上直接安装发动机、传动系统各总成、悬架装置以及备胎、油箱等设备，所以必须正确选择和布置车身上的装配方式和悬置点，并合理地布置局部结构加强件。这样不仅能改善车身的受力情况，而且还能增强车身的结构刚性。

二、轿车车身的结构特点

不管是承载式车身还是非承载式车身，都是由覆盖件、梁、支柱及结构加强件等焊接组装而成，以提供车身所需要的承载力（如图2-48所示）。下面简要概括其结构特点。

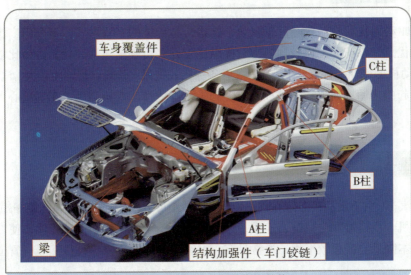

图2-48 轿车车身的主要结构

1. 车身覆盖件

车身覆盖件指车身中的包覆梁、支柱等构件，具有较大空间曲面形状的表面板件，在车身结构中具有封闭车身、体现车身外观造型、增大结构强度和刚度的功用。

2. 梁和支柱

车身结构中的梁和支柱（前立柱A柱、中立柱B柱、后立柱C柱），又称为车身结构件，是指支承覆盖件的全部车身结构零件。车身结构件根据承受弯曲和扭转力的大小，通常采用钢板冲压成形后焊接成为盒型面或半开口断面的结构构件，我们称之为骨架。它是保证车身所要求的结

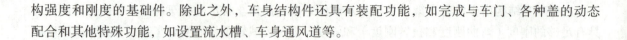

构强度和刚度的基础件。除此之外，车身结构件还具有装配功能，如完成与车门、各种盖的动态配合和其他特殊功能，如设置流水槽、车身通风道等。

3. 结构加强件

结构加强件主要用于加强板件的刚性，提高各构件的连接强度，如底板加强横梁、车门铰链安装加强板等。

三、轿车车身的内部布置形式

1. 轿车最常见的布置形式

（1）前置—后驱动

前置—后驱动即发动机前置、后轮驱动，这是一种传统的布置形式，至今仍广泛应用于各类汽车。其主要优点是轴荷分配比较均匀，对操纵稳定性、行驶平顺性和轮胎寿命比较有利，操纵机构简单，发动机的冷却条件好。作为轿车，后备厢比较宽敞。其缺点是轴距较大，汽车自重较大，底板中部有凸起的传动轴通道影响踏板的布置和乘坐舒适性，底板高度（车辆重心）的降低受到传动轴的限制。

（2）后置—后驱动

对于这类汽车，由于发动机布置在轴距以外，故轴距可以缩短（与前者相比能缩短10%左右），同时由于发动机、变速器和主减速器连成一体，所以省掉了传动轴和部分壳体，使汽车自身重量减轻、制造成本降低。底板较平坦，通常只有一个很小的通道（操纵杆件和暖气管道通过），机动性也较好。

这种布置形式常用于微型汽车，轻型和中型轿车也有采用，这种布置形式的缺点：一是满载时后轴负荷过重（一般总重的58%~60%），使汽车具有过度转向的倾向，从而操纵稳定性变差；二是由于后轮负荷大，后轮轮胎气压通常也相应提高，故乘坐舒适性较差；三是后备厢有效容积较小，存放物品空间变小；四是由于前轮附着重量较小，高速行驶时容易出现转向不稳定现象。

（3）前置—前驱动

这类汽车的发动机大多布置在前轴之前，与动力总成连在一起，省掉了传动轴，减轻了自重，底板平坦，轴距也可缩短。此外，前置—前驱动汽车由于前轴轴荷较大，所以一般都具有不足转向的特性。在转弯和加速时行驶稳定性较好。缺点是上坡时前轮附着重量减少，易于打滑，结构较复杂，需采用可靠性较高的等角速万向节，制造成本增加。

2. 轿车车身内部布置

图 2-49 所示为轿车车身内部附件和饰件，其主要功能是隐蔽粗糙的边缘，起到装饰作用，使乘客感到舒适和方便。

图 2-49 轿车车身内部附件和饰件

在驾驶员位置上具有良好的视野性是保证汽车操纵方便和行驶安全的重要条件之一。对乘客来说，也应提供良好的视野。视野性取决于座椅的布置高度以及坐垫和靠背的倾角、车窗的尺寸及形状、支柱的结构、发动机盖和翼子板的形状等，轿车的视野角如图 2-50 所示。

图 2-50 轿车的视野角

四、轿车车身壳体构造

1. 前车身壳体构造

（1）前车身的功能及要求

① 前车身的功能

前车身属于车身前部结构，有人又称车前钣金件。其主要功能有：形成发动机室（发动机前置车辆），为发动机及附件提供一个护罩，防止前轮甩泥；安装发动机总成、前悬架及转向装置等总成（对承载式车身而言）；当汽车受到正面撞击时，有效地吸收冲击能量，保护后面的乘客室。

② 前车身的要求

轿车前悬挂大多采用独立悬挂，而非独立悬挂则极为少见。众所周知，悬挂装置是一个非常复杂的受力和传力系统。图 2-51 所示为承载式前车身与前悬挂间的装配及在静止状态下的受力关系分析图。此外，汽车在起步、制动、加速和行驶过程中，还要承受前后两个方向的附加惯性载荷；当转弯时车轮还会受到横向力的作用。这些力都要从不同角度通过前悬挂摆臂、纵横拉杆、减振器、悬挂弹簧等，将来自各方面的冲击和振动载荷向前车身传递。因此，前车身尤其是承载式前车身受力极为复杂。

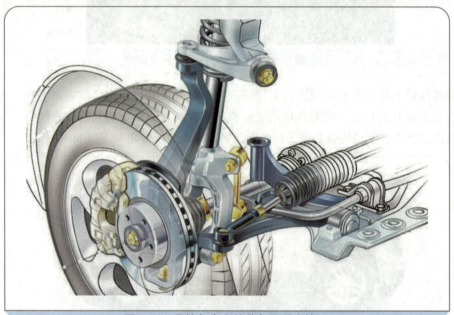

图 2-51 悬挂与车身的装备及受力情况

承载式前车身不仅要安装悬挂装置，而且要安装发动机、传动系统的部分总成，以及大灯、碰撞传感器等涉及安全性的部件，前两者及悬挂装置的安装位置对汽车行驶性、操作稳定性、前轮定位等有着至关重要的影响，后两者对行驶性能及安全性能更有极大的关联。再者，前车身的外表面一方面要体现车型的美感和艺术性，另一方面还要体现出良好的流线以保证它的空气动力性和节能性。

此外，汽车在运行中难免发生碰撞事故，前车身还应成为在碰撞过程中的乘客室前面的一道有效的防护屏障。

因此，对前车身的要求是：
- 在构造上应确保有足够的强度、刚度，并能有效地分散来自悬架系统的集中载荷。
- 必须能在碰撞过程中减少碰撞对乘客室的损害。
- 分布于前车身上用于安装发动机、底盘各总成的各种支座、孔、架等都必须有足够精确的位置，且其耐久性、可靠性的要求也十分严格。

● 前车身表面各构件在要求位置精度的同时，在外观上还要体现与车身造型设计的统一。

一般而言，无论哪种轿车车型，前车身都是由三大部分组成，即前车身的表面覆盖件、前车身的结构件、前车身的装饰件。

（2）前车身主要构件

① 碰撞吸能器

现代轿车的前车身都设有保险杠及其附件，而许多车型为了提高保险杠的效能，还在保险杠和车架之间安装有外挂的碰撞吸能器。

吸能器用来吸收碰撞的能量，并允许保险杠恢复到原来位置而不使车辆受损。按使用的吸能介质不同有如下几种。

★橡胶吸能装置

这种吸能器的工作原理类似于发动机的橡胶支座。橡胶垫装在塑料保险杠外板与保险杠衬板之间。一旦受到冲击，吸能器受力后移，延至橡胶垫。橡胶受力压缩，吸收冲击能量。当冲击力消失时，橡胶垫又恢复到原始状态，保险杠恢复到原始位置。图 2-52 所示为奇瑞汽车车身上安装的橡胶吸能装置。

图 2-52 奇瑞汽车车身上安装的橡胶吸能装置

★气液式吸能器

气液式吸能器作为保险杠衬板与前纵梁连接的支架，通常有左、右两个，由汽缸和活塞组成，汽缸内充有惰性气体或液体。其工作原理类似于悬架减振器。一旦受到冲击，充满惰性气体的活塞推动装满液压油的缸筒运动。在压力作用下，液压油通过一个小孔流进浮动活塞中。通过液体的流动吸收冲击的能量。当液体流进浮动活塞缸筒时，它将承受浮动活塞和惰性气体的压力。当冲击力释放时，被压缩的惰性气体迫使液体从浮动活塞缸筒流出，使保险杠恢复到原来的位置。这种吸能器常安装于一些通用公司制造的汽车上（如图 2-53 所示）。

课题二 汽车的车身结构

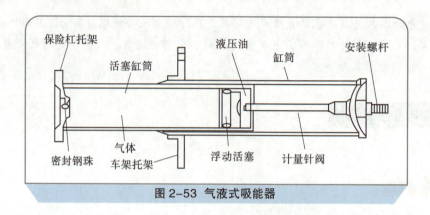

图 2-53 气液式吸能器

★弹簧式吸能器

弹簧式吸能器与气液式吸能器一样，使用弹簧作为吸能装置。如图 2-54 所示，这是安装在克莱斯勒公司制造的汽车上的吸能器。

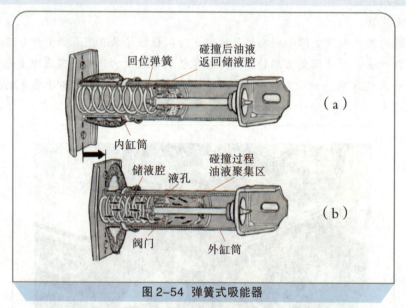

图 2-54 弹簧式吸能器

(a) 正常状态；(b) 碰撞状态

★机械压溃式吸能器

机械压溃式吸能器安装在左右前纵梁的前端，与保险杠衬板相连。这种吸能器实际上是一小段设计制造有"碰撞缓冲区"的箱体结构，在碰撞时接受冲击力而被压溃缩短变形。与车身结构板的碰撞区相似，伴随褶纹轴的压溃变形吸收冲击能。装备这种吸能器可以满足较低车速碰撞时对车辆的保护要求。

② 发动机盖

★发动机盖的功能

发动机盖是构成发动机室的一个组成部分。位于发动机室顶部并处于两侧翼子板之间，其功能主要有：用于保护发动机免受灰尘、杂物和水汽侵袭；作为前车身表面覆盖件，完成整车的造型；

充当车身前部的导流板，以减少行车的空气阻力。

★组成结构

如图2-55所示，发动机盖通常由内板、外板、铰链及其他附件（支承垫、支杆、锁扣等）组成。现代车辆的发动机盖通常由高强度冷轧钢板制成，也有用铝合金或玻璃钢等复合材料制造的。为了在减少自重的同时增加强度和刚度，使它能可靠地固定在车身上，一般都设有内加强板，形成具有内板、外板的双板式结构，并将内加强板冲压成交叉形的网状骨架贴靠在发动机盖外板轮廓部分。为了安全起见，其上设有1~2道压制的沟槽，以便在受到撞击时产生折叠变形，起到一个保护驾驶室的作用。外板多是0.8~1.2 mm的蒙皮，其强度较差。其上大都冲压有两个用于安装喷水嘴的突起孔（如图2-56所示）。外板外部边缘通常进行翻边，形成一种在组装内板时包箍内板的方式。组装的内、外板外部边缘全部或局部通过点焊连接，无焊点的包箍处和内、外板的结合面用黏结剂粘接到一起。

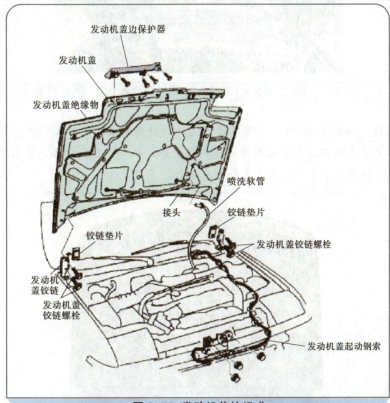

图2-55 发动机盖的组成

图2-56 安装喷水嘴的突起孔

许多发动机盖内侧涂有降噪层或粘有隔声垫（如图2-57所示）。降噪层或隔声垫由人造纤维制成，用来减小发动机噪声，也隔绝发动机盖板与发动机室内的高温。发动机盖配备许多嵌条、车标、进气口、装饰条等。

图2-57 发动机盖内的隔声垫

发动机盖嵌条（如图2-58所示）通常由下述几种材料制成：镀铬灰铸铁、不锈钢、铝、塑料或橡胶。最常见的是装饰在发动机盖后边缘的后嵌条。也有一些发动机盖装设横贯前边缘的嵌条。嵌条可能是一条或三条（中央条、左条和右条）。

图2-58 发动机盖嵌条

★铰链机构

轿车的发动机盖和后备箱盖使用铰链结构与车身相连（如图2-59所示），这种机构保证发动机盖或后备箱盖自由开闭。普通轿车发动机盖后面装有两个支承铰链，并通过螺栓将该铰链的另一部分固定在车体的前围盖板上。

发动机盖铰链不仅应保证发动机盖能有足够的开度，使其在开启过程中不与车身其他部分互相干涉，还应保证开闭轻便灵活等功能。

图 2-59 车身后备厢铰链机构

发动机盖的铰链有明铰链和暗铰链两类。明铰链虽然结构简单、零件少、重量轻,但是操纵笨重,铰链外露,既不美观也不利于减小空气阻力。更主要的是,当盖口是一空间曲线时,在开启过程中盖与盖口容易发生干涉,或摩擦密封条。目前很少采用此类结构。

暗铰链一般都带有平衡发动机盖自重的弹性元件,故也称为平衡铰链。平衡铰链又分简单铰链和连杆式铰链两种。

简单铰链结构如图 2-60 所示,发动机盖在启闭时是绕固定轴 O 旋转的。它可通过恰当调整轴线位置及铰链臂的形状,避免发动机盖在开启过程中与车身互相干涉,并保证一定的开度。

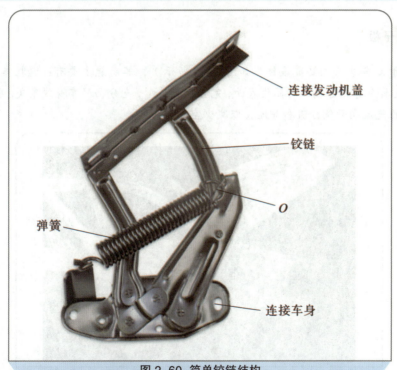

图 2-60 简单铰链结构

连杆式铰链如图 2-61 所示。其特点是启闭发动机盖时,瞬时旋转中心是不断变化的。由于可以通过改变机构杆件尺寸来实现所要求的任何运动轨迹和开度,所以调整起来非常方便,目前许多轿车采用此类结构。

图 2-61 连杆式铰链

平衡铰链不仅用在发动机盖上，也常用在后备厢上（如图 2-59 所示），平衡铰链上的弹性元件也分为很多种，有气力元件、螺旋式压力弹簧和拉力弹簧、平卷簧以及扭杆弹簧等。

铰链与发动机盖跟车身通过螺钉和活动螺母连接。为保证发动机盖与其他部件之间间隙均匀，发动机盖的位置都是可调整的，通常将铰链与车身或发动机盖的连接螺栓孔制成椭圆形，通过改变连接的相对位置来实现。

③ 车身翼子板

翼子板属于前车身的主要覆盖件（如图 2-62 所示），其功能主要有：遮挡车轮及前车身的内部结构件，使前车身具备统一的简化表面，完善车身造型，充分凸显车身线条美；将发动机盖上，使车身正前面的气流向两侧分流和导流，以减少空气阻力。

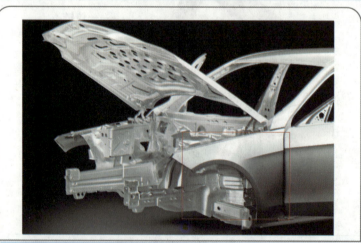

图 2-62 翼子板安装位置

翼子板大多由冷轧钢板经拉延制成，但以玻璃纤维和塑料为材质的翼子板也有较多应用，目前很多高级轿车上也出现了铝合金的翼子板。

翼子板表面是非常复杂的空间曲面组合，为了造型的需要，一般都制有与车门腰线和装饰条走向一致的型线以及装饰灯安装座。上部做成圆滑过渡、体现前车身棱线的弯角，下部做成显示车轮轮廓的部分环状，最下边又制成与车门槛梁一致的形状。在下边的轮罩处还采取了翻边式边缘设计以安装轮罩内衬。

翼子板分左右两个，互成对称结构，分别装于车身的两个前角处。每个翼子板前部和上部分别与前保险杠、大灯及发动机盖相接；后缘则与车门面板相邻；下部把前轮的上半部罩住，里端装有左右两个轮罩内衬，防止车辆在行驶过程中泥水溅到发动机室内。翼子板形状和所带附件根据车型的不同而异。

一般而言，翼子板都是用螺栓固定在前车身的内部结构件上，通常与发动机盖、大灯或散热器格栅和保险杠总成一起形成车身前端的外表面轮廓。

④ 车身前围总成

轿车车身前围总成是指分隔发动机室和乘客室的那部分结构（如图2-63所示），由于承载式前车身结构件分别由前后横向承载单元和两侧的纵向承载单元构成，因而它属于横向承载结构件。

图2-63 轿车车身的前围总成

前围总成不仅是发动机室的一部分，也是乘客室的一部分。从它所处的特殊位置考虑，它不仅决定车身这两部分的扭转刚度，更直接关系到乘客室的舒适环境和安全，所以必须在结构上顾及车身整体的刚度和强度，发动机室和乘客室内空间大小、环境、总布置以及附件的安装等。

轿车车身的前围总成必须具备如下功能：
- 应有良好的隔热、密封、隔振和隔声效果。
- 作为各种部件的安装基础，具有支承转向柱，支承并安装前风窗玻璃，安装空调装置及其通风管道，支承和安装仪表板，安装制动器、离合器踏板支架，安装雨刮器等附件的作用。
- 适应车身的总体布置要求。

●确保车身扭转刚度,并提高撞车安全性,有效地控制乘客室前壁和转向柱在撞车后的向后位移量。

★前围盖板

前围盖板(也叫发动机盖支承架),一般由盖板外板、盖板内板以及加强板等构件焊接而成。前围盖板通过两侧的端板与车身左右侧围的前支柱焊接,是横贯车身左、右前门柱的梁式构件,必须具有很大的强度和刚度,尤其是扭转刚度。为了满足这些要求,同时为了减轻车身自重,前围盖板通常利用高强度钢板冲压并焊接成封闭式的断面结构。为了强化撞车时对乘客室的安全保护,形成一种即使前围盖板的前端被撞坏,其后端也能保持一定的完整性或产生有限的向后位移量的状态,还在前围盖板的断面内插入加强板来增强盖板内板的强度,如图 2-64 所示。

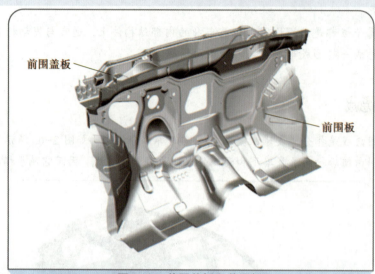

图 2-64 前围盖板和前围板

由于前围盖板上部必须安装风窗玻璃,下部安装前围板,因而盖板上侧设有玻璃止口;并依据玻璃和前围板的位置将其分成内板和外板两部分。内板用来安装空调、仪表板等车内部件,外板用来安装发动机盖铰链等。

前围盖板在外板的上侧设有通风口,也兼作泄水口,以适应车内通风以及风窗表面泄水的要求。通风口设在此处是因为汽车在行驶中会在轿车前风窗下沿处变成较大压力的气体涡流,这部分涡流向两侧分流会形成较大的行车阻力。

★前围板

前围板位于乘客前部,发动机室与乘客室就是通过它而分开的,它是发动机室与乘客室的主要隔离构件,因此也称之为中隔板(如图 2-64 所示)。

前围板一般用具有隔热减震性能的高强度钢板(制震钢板)冲压成形。起主要隔离作用,其中板面下部采用约 45°的斜壁设计以便驾驶员搁脚,在下边弯成一定角度后与底板连接,上部边缘与前围盖板底部焊接,两侧边缘则与前围板或车身侧围的前门立柱连接。有些小型轿车,则将前围板的两侧冲压成前轮罩的一部分。

有些车上的前围板用一块整板冲压而成,更多的是用多块板件分别冲压后再组焊成一体。由于它上面常常安装离合器及制动器踏板支架,承受来自乘客等的载荷,并起着加固中间车身壳体的作用,其上依据布线的需要制有各种大小不同的孔眼。为增加前围板的刚度,往往在其表面上冲压出用于安装各种装置的凸台或凹台，以及纵横方向不同、形状各异的加强筋。

前围板的另一个主要功能是隔离来自发动机室的各种噪声、热源、振动。因而，前围板表面，尤其是内壁上大都涂有沥青、毛毡、胶棉等隔声、减振性材料，给乘客室带来舒适、安静的环境。为了加强这种隔离效果，有的前围板则采用叠层钢板材料制作，利用两板之间的空气夹层来充分扩大隔离效果。

⑤ 前车身侧围总成

承载式前车身两侧的纵向承载单元常称为前悬挂支承座总成，由于它下部留有车轮的活动空间，底部呈拱形，因而北方一些汽车配件市场称其为前轮瑄，并有左、右之分。

★前车身侧围的功能及要求

前车身侧围的功能是为悬架提供安装基体，形成保护发动机免受路面污泥飞溅的车轮罩，提供各种发动机室零部件的固定面以及支承翼子板上缘，同时还要保证撞车时为乘客提供保护等功能。

对于承载式前车身侧围的要求如下：

· 承载式前车身侧围不仅有足够的强度和刚度，而且有合理的纵向刚性。在车身被压缩变形时，能吸收撞击能量，防止发动机被撞入乘客室，防止转向机构被撞后移，保证乘客室变形量小，减小撞车时产生的加速度。

· 安装时有严格的位置和形状精度。因前轮瑄的一些安装孔位置常常影响到发动机和传动系统的装配精度、影响到转向系统的前轮定位，甚至影响到碰撞传感器的灵敏度，所以，它自身的形状和位置是决定发动机盖以及悬架安装位置是否正确的控制点。安装时必须确保其上各个安装部位的位置精度。

★前车身侧围的结构特点

承载式前车身侧围几乎都是一个集成件，并针对承载式前车身受力的特点，将此构件组合成如图2-65所示的封闭式结构，以保障其有足够的强度，同时能将独立悬挂系统中车轮传递的集中力分散到前车身上，以实现力的分散与平衡。

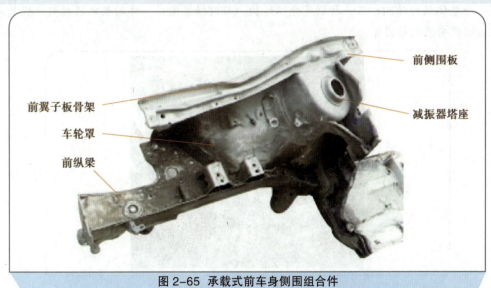

图2-65 承载式前车身侧围组合件

整个组合件由前翼子板骨架、前侧围板、前纵梁、减振器塔座等多块钣金件组焊而成，由于各构件的连接处强度不足是产生裂纹的主要原因，所以常常设置有各种加强板，以提高其连接强度。在这个组合件上还布置有发动机支承架、蓄电池支承座等，组合件前端焊接在散热器支架上，后端焊接在中间车身的前围板上。

轮罩底部焊接的纵梁结构轿车前部车身的主要承载体，其后部大面积地过渡到前围板，与前围板焊接在一起，侧面与轮罩焊接为一体，前部通过安装保险杠衬板，形成一个车身前部的框架形空间结构。

组成前轮罩总成的各个板件中一些是由冷轧钢板材料制成，其他大都是由高强度钢板制成。例如，麦佛逊悬架塔座是承载部件，通常由高强度低合金钢板制成，纵梁和加强件也常由高强度钢板制成。

为了提高前车身对冲击能量的吸收效率，除了加装保险杠外，还在前纵梁（包括发动机盖骨架）上设置"碰撞缓冲区"，以便当汽车受到冲击时，使该处优先变形，充分吸收撞击能量，减缓对中间车身的冲击，形成对乘客室的安全保护。此外，为满足承载和对前悬挂、转向系统等支承件的受力要求并使载荷分布均匀，前段纵梁前细后粗形成不等的截面，以适应不同断面上的载荷变化。

非承载式车身的前轮罩由于功能简单，因而结构也不复杂，通常没有悬架支座。发动机和悬架零部件固定在车架上，利用车轮罩防止路面灰尘进入发动机室和翼子板内侧，车轮罩也为翼子板上缘和发动机室的零部件提供固定点。轮罩用螺栓连接到翼子板、前围板、散热器支架上，而某些车辆则连接到车架上。也有一些车辆用一块内钣金件将车轮罩和发动机部件隔开。

⑥ 散热器框架总成

散热器框架总成如图2-66所示，其主要功能是：一方面用于安装散热器、大灯等；另一方面起到加强车身前部刚度的作用。

散热器支架结构比较简单，但也依据车型的不同有各种形式，大都由几块钣金件焊接在一起形成框架式结构，而且下边框常常直接利用车架的前横梁。常见的有两种形式：一种是将整个支架做成一个整体板的结构；另一种则是分体结构。与前横梁做成一体的散热器框架一般是点焊到纵梁上，以便安装散热器等。

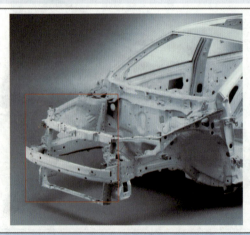

图2-66 散热器框架总成

2. 中间车身壳体构造

中间车身壳体如图 2-67 所示，中间车身除承受上、下弯曲的弯矩外，还承受来自不同方向的扭矩；车身下部的冲击与振动也通过车身底板向上部扩散，车辆发生碰撞事故时也需要由中间车身来抵抗变形，下面主要讲解车身底板、侧围及车身顶盖的构造。

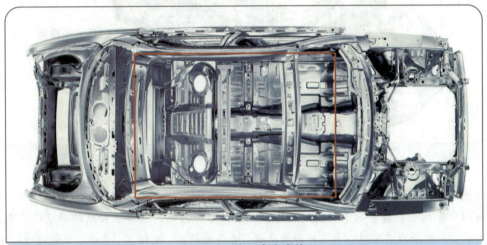

图 2-67 中间车身壳体

（1）车身底板结构

现代轿车为了增大运载能力、加大车身底部结构的承载重量、增加对驾驶员及乘客室的保护作用，要求车身底板结构有更高的强度和刚度；加强底板结构的防振、隔声和防腐性能的要求，以及车身室内居住性和舒适性对底板布置的影响，使得车身底板结构成为车身结构中最为重要的结构之一。

车身底板结构是车身运载重量中最为重要的支承部分，所以必须有足够的强度和刚度，而且无论是非承载式车身还是承载式车身，除底板构件本身外，大都在车身的底板上设置各种加强梁、连接梁等附加构件。但两者有本质的区别，下面分别讲解承载式车身底板和非承载式车身底板。

① 承载式车身底板

在承载式车身上，由于整车载荷必须由车身承担，而车身底部结构又是安装底盘各总成部件的载体，汽车所受的各种力都要通过各部件的固定点传到中间车身底部的构件上，因此为了满足车身底部结构的这一承载特点，不仅需要在结构上将底板、前围板和车身前部承载件牢固地连成一个具有较大强度和刚度的完整承载体，还要在底板上加设众多的加强梁或底板梁，并采用抗扭刚度较大的封闭式断面的箱形结构，如图 2-68 所示。

课题二 汽车的车身结构

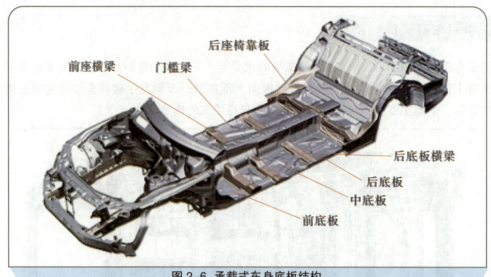

图 2-6 承载式车身底板结构

★ 底板及附件的结构

底板指车身座舱和后备厢下的板制构件,是根据车身内部的总布置和结构强度设计要求进行分块制作的。一般分为前底板、中底板和后底板。主要由底板、底板梁、支架、底板通道、连接板、座椅支架等部分组成。

底板构件本身为符合室内布置居住性,以及满足布置备胎和油箱等需要而被冲压成各种形状的部件,如通道凸台、阶梯形的底板等。为了提高底板构件强度和刚度,除了在底板上布置有各种加强筋、各种形式和结构的支座、连接板等构件外,还焊接有许多结构加强件。

底板梁是底板的主要结构加强件之一,是中间车身的重要承载构件,一般都焊接在底板上。底板梁主要有前底板横梁、后底板前(后)横梁、底板座椅横梁、底板前纵梁、底板后纵梁和其他底板加强梁等。

这些底板梁均采用不同厚度的钢板材料冲压,不同截面的断面形状根据布置、连接关系和强度的要求有所变化,以求在满足强度要求的前提下,尽量降低底板高度。

车身前部纵梁和后部纵梁与底板结构的连接,采用叉型梁设计原理,焊接在地板下面,在车辆发生碰撞时,以求将力分成许多分支进行传递,使车身底板受力均匀(如图 2-69 所示),从而减小车身受损情况。

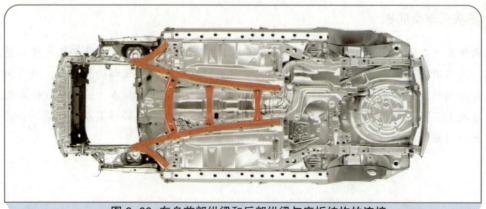

图 2-69 车身前部纵梁和后部纵梁与底板结构的连接

底板通道是指覆盖变速器及允许传动轴和排气管等通过的底板上的凸起结构,同时还起到加强底板以及中间车身纵向刚度的作用。

★底板的连接方式

底板前端一般与前围板的下部焊接,后部与后车身底板制成一体,左右直接焊到门槛梁上(如图2-70所示)。

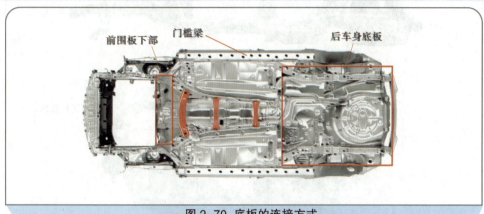

图2-70 底板的连接方式

② 非承载式车身底板

在非承载式车身上,因整车的载荷由完整的车架来承担,底板的受力情况相对简单得多,在布置形式上与承载式车身底板相当,因此底板的形状与承载式的大同小异。底板也通过焊接各种纵向和横向的底板梁以及外伸托架等构件来加强构架。

由于底板高度受车架高度的影响,其形状以及受力状况又受车身的悬置结构和悬置点布置的制约,为使底板受力均匀,降低底板高度,底板梁的布置和断面形状就因各种车型底部结构的不同而有较大的差异。

(2) 车身侧围结构

车身侧围就是车身的侧面框架部分,是乘客室的重要组成部分。侧围构成A柱、B柱、C柱,A柱除了与前隔板连接外,还提供前门铰链和前挡风玻璃的安装位置,在受到碰撞时接受前边传来的力;B柱可以做成隐藏式或外落式,它提供前排安全带、前门锁扣的安装位置,在侧面受到碰撞时起相当大的作用;C柱为中排安全带、中门锁扣提供安装位置。

如图2-71所示,侧围的主要零部件有A柱、B柱、C柱、门槛梁等。

① A柱

A柱也叫前立柱或前门柱。其作用就是作为乘客室框架梁的前部支承,用来固定前风窗玻璃和安装车门等。

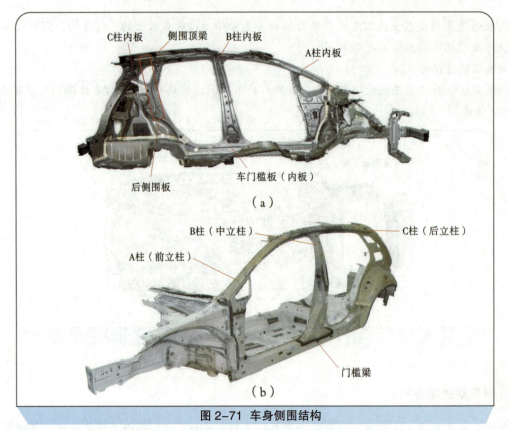

图 2-71 车身侧围结构

（a）车身侧围（背面）；（b）车身侧围（正面）

由于A柱既是车身的结构件，又有表面覆盖件的作用，故对其有特殊的要求：A柱外板的表面形状应与车身表面的造型要求一致，而A柱的内板在形状上要避免尖角转折，降低车内人体撞击时的伤害程度，而且要方便安装内饰；具有足够的刚性和强度，以便安装类似附件，并与前围构件、前风窗上横梁、车身前部构件等形成牢固的连接关系和连接强度；保证有较高精度的装配尺寸，A柱与前围盖板以及仪表板两端应有良好的装配关系，与车门以及前翼子板的位置应具有良好的动态配合关系，确保具有良好的密封结构。

前立柱是由前风窗立柱（上段）、前门立柱（下段）和前侧挡板等焊接形成的一个整体构件。其中前风窗立柱和前门立柱又分别由薄钢板冲压成内、外两块板件，并与一些加强板件焊接在一起形成牢固、紧凑的结构。这些板件能整体更换，也能把它们分离，予以单独更换，从而增加了灵活性。

为满足构件的承载刚性和强度要求，前立柱各部分截面大都焊成封闭的，如图2-72所示。为了保证驾驶员的前方视野要求，立柱的上段较细，而下段较粗，这是因为下段还兼做隐藏式流水槽和车内通风管道，需要有效地降低空气阻力和避免风动噪声以及流水阻力的缘故。

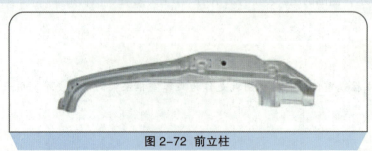

图 2-72 前立柱

② B柱

B柱也叫中立柱，其主要功用是：为车顶盖提供中间支承，为前车门提供门锁接触面，又兼作后车门的铰链门柱。

现代轿车的中立柱多采用隐蔽式布置形式，即玻璃窗以下完全被前后车门遮住。

中立柱焊接在车门槛板、底板和顶盖纵梁上。一般将中立柱的内板、外板以及加强板焊接在一起，形成一个紧凑的结构。

要考虑视野的要求，中立柱一般上部做得较细小，下部要安装门铰链、安全带装置等，为增加强度和刚度而做得较粗大，并带有加强件。其断面亦呈封闭状，且不同车型以及同一车柱的各部分形状也不同。为了提高连接强度和刚度，上面与车顶侧边梁的焊接处常常在内部设有对中用的芯板。为了上、下车的方便，中立柱的上端向内略微倾斜（如图2-73所示）。

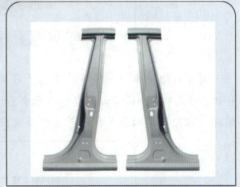

图2-73 中立柱

③ C柱

C柱也叫后立柱，一般由后上立柱和后下立柱焊接而成（如图2-74所示），形成中间车身侧围框架梁的后部支承构件，其中后上立柱兼作后风窗支柱，用来固定后风窗玻璃。因此其上设有后风窗玻璃的安装止口，以及与后车门的配合止口。后上立柱常常具有较大的断面形状，并且在上面设有车内通风的气流出口。

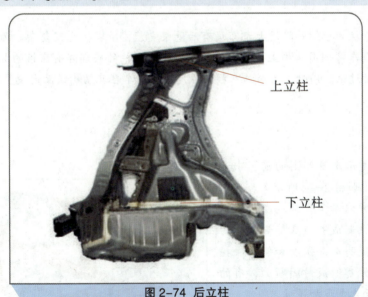

图2-74 后立柱

在四门轿车上的后立柱往往与后翼子板和后轮罩焊接成整体结构，从而加强后立柱的承载强度以及后立柱与车身底部构件的连接强度；也有将后上立柱的外板与后翼子板整体冲压成形的（如图2-75所示，红色框处）。

图 2-75 后上立柱的外板与后翼子板整体冲压成形

对于双门轿车,一般将后立柱、后翼子板、后侧围内板、后轮罩和后风窗立柱等构件焊接为一体,形成车身侧围后部的整体支承部分(如图 2-76 所示)。有些车型还在其上安装有侧围的后窗。因此,双门轿车的后立柱也包括了后风窗立柱或后门立柱(侧围框架梁式结构)。

图 2-76 双门轿车车身侧围后部的整体支承部分

由于紧接后立柱的后侧围附近大都布置有后悬架支座,所以受力较复杂。为了使后部底板载荷能有效地传递到车身侧围结构上,一般的轿车都在后立柱的底部焊有底板的加强横梁,并把后纵向加强梁也延伸过来。同时,为增加立柱的强度,有的车在其结构断面内设置有加强板。

④ 门槛梁

门槛梁是指支承车身侧围的前、中和后立柱的下边梁(如图 2-77 所示)。在非承载式车身中,常以车架代替;在承载式车身中,一般独立制成并与底板焊合。为减轻车身重量、提高车身强度和侧面碰撞安全性,门槛梁大都做成封闭断面,有的车型还在门槛断面内加设加强板。

★ 门槛梁的作用

为防止底板发生皱、弯等变形,门槛梁必须具有足够的、满足强度和刚度要求

图 2-77 门槛梁

的尺寸断面。因此，合理的底板梁结构以及底板、底板梁、门柱等与门槛梁的连接关系就显得尤为重要。

★门槛梁的结构及与其他构件的连接关系

承载式车身的门槛梁通常由内、外门槛板件组成，而非承载式车身的门槛梁则由车架代替，这里主要讲解承载式车身门槛梁的结构与其他构件的连接关系。

承载式车身的门槛板由高强度钢板冲压成形，并互相焊接成封闭的箱形梁式结构。在一些车辆上，在箱形封闭壳体内装设加强板。中空的门槛梁腹腔可以用来穿连燃油管线、电缆线等。在四门式车辆上，通常在门槛梁与中柱的连接处另附以加强件。多数门槛梁还附有踏足平台或盖板。

门槛梁通常被焊接到车前侧板、中立柱（在四门车辆上）和后围板上。当然，在承载式车身车辆上，门槛梁还要焊接在前纵梁上，并直接与底板焊接形成坚固的底板结构（如图2-78所示）。

图2-78 门槛梁和纵梁以及底板的焊接成形

⑤ 侧围顶梁

侧围顶梁是处于车身侧围的顶部，用以支承顶盖，并连接车身顶部前、后部分的梁式构件；也是形成门上框，并作为侧车身承受大面积碰撞时的承载梁。它具有较大的强度和抗弯及抗扭刚度。对于四门轿车，侧围顶梁（或称顶盖侧梁）、前立柱、中立柱、后立柱以及门槛等构件焊接在一起后，就形成了具有两个门口的侧围框架（如图2-79所示）。能大大加强中部车身在受到正面撞击时的变形能力，显然，它和门槛构件一样，既是中间车身的纵向加强梁，又是中间车身的上部纵向连接梁，在车身结构中起着重要的作用。

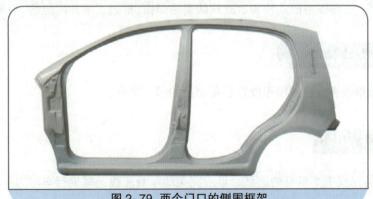

图2-79 两个门口的侧围框架

由于侧围顶梁的重量、弯曲和扭转的刚度对整车的承载、抗弯曲和抗扭转的能力影响很大，因此，顶盖侧梁一般由强度较高的内、外板冲压件焊接而成，其断面形成封闭的箱形结构。

（3）车身顶盖总成结构

常见的轿车车顶大致分为两种形式：一种是平顶式；另一种是拱顶式。两种形式都是由单层金属板压制而成的顶盖和前后横梁、左右侧梁形成的顶部框架，以及一些加强构件组成。

现代轿车广泛采用薄顶，且四周为小圆角过渡的顶部结构，以便扩大视野和提高上、下车的方便性。顶盖由顶部框架来支承，并焊接在上面，内侧贴焊有数根两端焊接在框架上的加强梁，从而使刚度和强度得到增加。也有的顶盖在板料压制时直接压出加强筋，这样做，一是进一步增加刚度，二是使之具有装饰的效果。

顶盖内表面往往涂有防振胶，目的是减小振动和噪声。顶盖四周具有一定的过渡面，以及冲压出的适当的折边，以便保证其与顶盖前、后横梁及顶盖侧梁的焊接强度（如图2-80所示）。

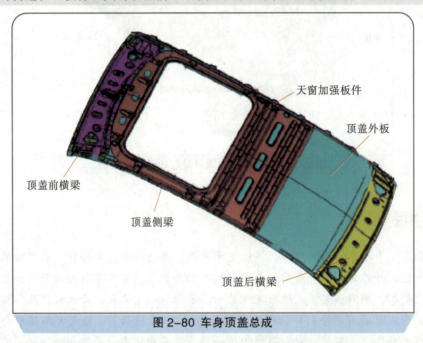

图 2-80 车身顶盖总成

顶部框架的前后横梁与侧梁一样，制有相应的止口，用以固定前、后风窗玻璃。顶盖前、后横梁分别与车身左、右侧围的前立柱和后立柱的顶端焊接，形成支承并固定前、后风窗玻璃的窗框。

3. 后车身壳体构造

所谓后车身是指乘客室后侧用于放置后备物品的那一部分。

（1）后车身的作用

与前车身共同完成整个车身的造型，形成完美的车身流线，减少行车阻力；装载后备物品，并封闭整个车身；承受重力以及来自后悬架等各个方面的载荷；在汽车发生追尾碰撞时保护中间车身即乘客室的安全。

（2）后车身结构的要求

有足够的强度和刚度；严实的密封；较大的空间以及合理的内部结构布局；与整车协调一致的外形轮廓表面；汽车在发生追尾时，有一定的吸收能量的功能。

（3）后车身侧围板总成

后车身侧围板总成是从后门柱、车门槛板和顶盖一直延伸到车身尾部的侧面部分，分左、右对称的两块，形成后车身的两个侧围。典型的后侧围板总成由以下零件组成：外板件、后窗侧板件或顶盖延伸板、内板件、外轮罩、内轮罩以及各种加注口、延伸件、角板和加强件等，如图 2-81 所示。

图 2-81 后车身侧围板示意

① 外板件

外板件即后侧围板总成上的外侧板件，是后车身侧表面的装饰板件，它由面板以及一些附件构成，其形状和附件随车型而异。

在有单独后门柱的车辆上，外板件被焊接在车门槛板、顶盖纵梁、后门柱、后底板延伸件、窗台和后窗柱、外轮罩等上面，以便在外板件损坏时，能按照厂家所给的接缝拆开，予以修复或更换。在没有单独后门柱的车辆上，外板件或轮罩以其边缘形成车门门框，提供关门时与门的接触表面。

外板件的表面通常制有各种筋和型线，下部做成环状突起，与车轮外廓相适应，从而与整车的艺术感相协调。其中的一侧外板件还制有燃油加注口，有些车型的外板件上部还开有后角窗，以增加车内的视野（如图 2-82 所示）。

图 2-82 外板件上部的后角窗

② 内板件

在一些车辆上，除有一块外侧板外，还有一块内侧板（如图 2-83 所示）。在这些车辆上，内侧板件被焊接在外板件、门柱、轮罩总成和底板上。内板件也是乘客室和后备厢的支承板，内板件通常被汽车内饰所覆盖，因此它是不显露在外的板件。

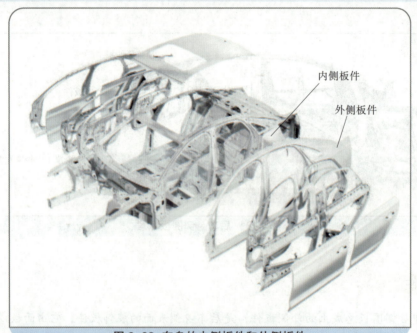

图 2-83 车身的内侧板件和外侧板件

③ 轮罩

轮罩为后轮提供飞溅物的防护，保护后围侧板后侧边和后备厢免受路面飞溅物的损伤。它也是构成后备厢的一部分。轮罩通常由两个板件组成：内板件和外板件，内轮罩焊接在外轮罩、后窗台、后底板和顶盖侧纵梁上。外轮罩焊接在内轮罩和外侧板上，也是一块不露外观的板件。

（4）后围上盖板

后围上盖板也是后座椅支承架的盖板，与后窗框组合后，形成连接车身左、右侧围后支柱或侧围内壁的横梁，并与后座椅支承框架、后挡板和后轮罩内板共同组成乘客室后面的隔壁。其作用是：隔断乘客室和后备厢，用来保证车身后部结构的扭转刚度，安装和支承后备厢盖。

（5）后备厢盖

后车身的后备厢盖根据车身外形的不同而不同。如三厢式汽车的后备厢盖与发动机盖在结构上十分相似，而由于两厢式车的后备厢盖还兼作后风窗，与前者相比有很大的区别。

三厢式车身的后备厢盖支承在后围盖板上，一般采用带扭力杆的铰链来支承后备厢盖。当盖锁被打开时，后备厢便会在扭力杆的作用下自动弹开至最大极限位置，为取放后备厢内的物品提供方便。但对于两厢式车，由于后备厢盖的体积和自重往往较大，同时也受安装位置等条件的限制，故一般采用弹性支承性较好的气杆簧作为辅助支承。

后备厢盖总成也和其他总成件一样，因为车型以及开启操作等方式不同，结构上差别也较大。一般由以下部分组成：外面板、内板、锁芯、门闩总成、铰链以及一些附件，如图 2-84 所示。

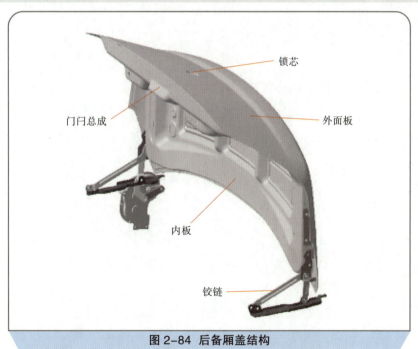

图 2-84 后备厢盖结构

（6）底板及纵梁

如前所述，后车身的底板主要用于装载后备物品、承受重力，以及承担来自后悬架等各个方面传来的载荷；并在汽车发生追尾碰撞时保护中间车身的安全。

由于悬架摆臂、拉杆、轴总成、燃油箱、制动器和输油管等都安装在车身底板上，对于后轮驱动的车辆，驱动力也通过车桥、悬挂直接作用于后车身底板上，因此，后车身底板的强度和刚度要求很高。为确保后车身的强度，往往在底板上附焊加强梁，尤其是纵梁。其焊接方式是：纵梁前部焊到车身底板上，由中间车身径直向后延伸，到相当于后桥部位再形成拱形弯曲。这样，既保证了后车身的刚度，又不至于使后桥与车身发生干涉。而且，当车身后部受到追尾碰撞时，还能瞬间吸收部分冲击能量，以其变形来实现对乘客室有效的保护。

后车身的底板及其加强梁、附件数量虽然不多，但各个构件的形状却较复杂。然而，这些复杂的形状只出于提高车身整体刚度、强度和焊装的需要，这些构件的连接大都是利用点焊相连的。

（7）后车身的其他构件

后车身还有许多其他的板件和附件，如后尾板、上后车身板件及其他附件等。这里不再详细介绍。

任务五　客车的车身结构

一、客车车身的分类

由于客车种类繁多，所以车身的分类形式也是多种多样的。一般按客车的用途、承载形式和车身结构进行分类。

1. 按用途分类

客车按照用途可分为城市客车、长途客车和旅游客车三类。

（1）城市客车

城市客车是为城市内公共交通运输而设计和装备的客车。这种车辆设有座椅及乘客站立的区域，由于乘客上、下频繁，所以具有车厢内底板低、过道宽、车窗大等特点。

（2）长途客车

长途客车又称公路客车，是为城间旅客运输而设计和装备的客车。由于旅客乘坐时间较长，这类客车必须保证每位乘客都有座位，不设供乘客站立的位置。为了有效利用车厢的面积，座椅布置比较密集，而且尽可能地提高座椅的舒适性，座椅质量也比较好。长途客车车厢底板高，底板一般设计成凹形，这样有利于提高车身的抗扭刚性，底板下面设有存放后备物品的后备厢。为了提高整个车身的刚度，这类客车的车门少，且多布置在前轴之前，对于高速公路上的快速客运车辆，要求具有更高的可靠性、行驶安全性、乘坐舒适性等。

（3）旅游客车

旅游客车实际上是比较适用于旅游中载运乘客和物品的、乘客座位数为不超过17座的单层小型客车。车身的形体尺寸介于大客车与轿车之间，如果比照轿车分类方法以车厢数而论，则旅游客车相当于单厢式车，俗称"面包车"，这也是依其外形命名的。但旅游客车的整个车身与轿车相比，空间大、载客多，并且具备良好的乘坐舒适性、越野性能等。它的车身大都设有三个车门，其中的乘客车门设在前、后轴之间。

旅游客车的车身壳体有半骨架、无骨架等结构形式。座位数较多的旅游客车以非承载式车身为主，座位数较少的旅游客车则更流行承载式结构。

2. 按承载形式分类

按车身承载形式，客车车身结构可分为非承载式、半承载式和承载式三大类，非承载式和半承载式车身结构都属于有车架式的，而承载式车身则属于无车架式的。

（1）非承载式客车车身

非承载式客车车身是指在底盘车架上组装而成的车身结构形式。这类车的底盘有较强的车架，车身骨架是通过多个橡胶衬垫或弹簧沿车身总长安装在车架上的。车身骨架与车架弹性连接，安装在车架上的车身对车架的加固作用不大。车架是支承全车的基体，承受着安装在其上面的各个总成的各种载荷，车身只在很小程度上承受由车架弯曲和扭转所引起的载荷，所以严格来说，车身并非完全不承载。车架的振动通过弹性元件传到车身上，由于弹性元件的缓冲作用，大部分来自路面的振动和冲击能被减弱或消除，在坏路上行驶时可以对车身起到保护作用。

（2）半承载式客车车身

半承载式客车车身就是车身与车架刚性连接，车身部分承载的结构形式。其结构特点是底盘仍保留有车架，车身通过焊接、铆接或螺钉与车架作刚性连接，是一种介于非承载式车身和承载式车身之间的车身结构。它的车身本体与底架用焊接或螺栓刚性连接，将车身骨架侧壁立柱与车架纵梁两侧的外伸横梁连接在一起，加强了部分车身底架，起到了一部分车架的作用。

（3）承载式客车车身

应用在客车上的全承载车身技术是高档豪华客车制造技术中的重要项目。该技术是德国凯斯鲍尔公司于20世纪50年代首创的，它将用于飞机制造的整体化框架结构技术应用于客车生产并通过严格的碰撞试验证明性能优越，使客车具有经济、安全和舒适等优点，尤其适应高速长距离客运。

在传统技术条件下，客车产品达到低底板、轻量化、配置人性化、低排放、环保化、乘客空间大等要求越来越难，而全承载车身技术的出现，适应了时代的要求。目前，全承载车身技术已应用到多家客车生产厂的客车产品上。

3. 按车身结构分类

根据车身结构上的差异，客车车身分为薄壳式、骨架式、复合式、单元式和嵌合式结构等几种。

（1）薄壳式结构

薄壳式车身结构无较强的独立骨架结构，构成车身整体的是板块式构件，蒙皮也参与承载，其骨架采用截面为带凸缘的U型钢材，强度和刚度较弱，必须依靠牢固铆接在骨架上的外蒙皮来予以加强，因此，把这种结构一般称为应力蒙皮结构。它具有质量轻、材料消耗少、生产率较高及易于改型等优点。

薄壳式车身的底部由优质钢板冲压而成，一般加焊了贯通式纵梁和横向的局部加强结构，以保证车身具有良好的承载能力并能安装发动机及底盘各总成。这种车身结构形式广泛应用于轻型客车上。

（2）骨架式结构

骨架式车身结构的骨架是由抗扭刚度很大的异型钢管构成（如图2-85所示），车身不依靠外蒙皮加强，外蒙皮主要起装饰作用。骨架型钢多采用性价比高的碳素结构钢，在组焊成的独立骨架上装配车门、车窗、侧窗顶盖和底板，结构应力主要由车顶骨架、底骨架和侧围骨架承担。

骨架式车身结构可以分为六大片，分别是顶骨架、左右侧围骨架、前围骨架、后围骨架和底骨架，这六大片通过焊接等连接方式合成整体空间骨架。这种车身结构具有承载能力好、整体强度高、窗立柱较细、侧窗开口大且视野开阔等优点，广泛应用于大客车车身。

图2-85 骨架式车身

（3）复合式结构

复合式车身结构是将薄壳式和骨架式两种结构融为一体的一种车身结构。在受力较少的部位用薄壳式结构，而在受力大的部位则采用骨架式结构。复合式车身结构比薄壳式车身结构弯曲刚度高、重量有所减轻，比骨架式结构的生产效率高。

（4）单元式结构

单元式车身结构是采用纵向构件将若干个由底板横梁、立柱、顶横梁等构成的环箍单元连接起来而形成的一种独特的车身结构。

（5）嵌合式结构

嵌合式车身结构是根据车身不同部位的受力情况，有针对性地将铝挤压型材嵌合而组成车身的侧壁。型材嵌合后将环氧树脂挤入连接处，树脂硬化后即可将铝型材牢固地粘结在一起，这种连接方式称为 Rohrlok 连接法。铝型材上有纵向整体式加强筋，可以用铆钉与钢质的竖框铆接在一起，因此车身强度高、重量轻且不易损坏。这种车身采用蜂窝状夹层结构的铝板制成顶盖和底板，中间填充经发泡处理的氨基甲酸乙酯。顶盖和底板再与前述的铝挤压型材侧壁构件一起构成整个车身的壳体。

二、客车车身结构

对于客车车身而言，虽然有非承载式、半承载式之分，车身壳体和汽车底盘的装配方法也有很大不同，但大多数的车身都有车身的骨架。

1. 车身骨架和底架

（1）车身骨架

客车车身骨架如图 2-86 所示，由左侧骨架、右侧骨架、前围骨架、后围骨架及顶盖骨架组成，分别将这 5 个骨架合装在底架或车架的底横梁上可构成一整体空间框架结构。

客车骨架的弧形构件如顶横梁、立柱、前后风窗框以及轮罩等占车身构件的 40%~50%，其曲率半径一般在 200~900 mm。若靠模具冲压等工艺来弯制这些零件，则会出现型钢弹性变形难以控制的现象，不仅整形工作量大且质量不稳定。较好的方法是采用液压仿形弯管机来滚压弯曲成形。

图 2-86 客车车身骨架

（2）格棚式车体底架

格棚式车体底架是由矩形截面钢管组焊而成的空间桁架结构，如图 2-87 所示。它比其他形式的底架结构简单、重量轻，且维修时便于更换底架构件。

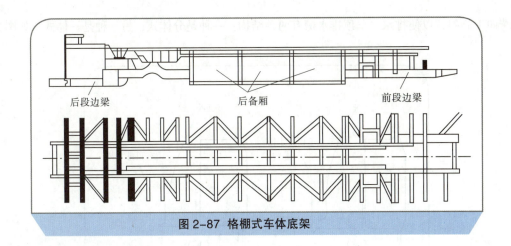

图 2-87 格栅式车体底架

2. 车身外蒙皮

车身外蒙皮通常采用 0.8~1.0 mm 厚的冷轧薄钢板或 1.5 mm 厚的铝板。外蒙皮与骨架的连接方式主要有铆接和焊接。铆接一般采用直径为 5 mm 的铝制铆钉。截面是门形的冲压骨架,采用实芯铝铆钉;矩形钢管骨架采用空芯铝铆钉进行拉铆。空芯铆钉的强度较实芯铆钉低,容易松动,故有时采用双排铆钉予以加固。外蒙皮与骨架的焊接最好采用二氧化碳气体保护焊。如采用单面点焊,点焊部位不能涂普通防锈底漆,因为这类底漆是不导电的,必须涂导电底漆。对于承载式大客车,车身外蒙皮通常有两种:一种是应力外蒙皮,它是将薄板先点焊定位于背架上,再进行铆接,使蒙皮与骨架一起承载;另一种为预应力蒙皮,即在车身侧壁的窗下梁至底板边梁之间,把一张长度为自车身前端第二立柱到车身后端第二立柱之间相应长度的薄板放在平台上,用专用夹具压平并拉伸 0.1% 左右,然后将夹具贴实紧固的薄板,整个吊装至骨架侧围的相应部位外边,进行贴合并将四周点焊,而蒙皮与中间各立柱则不焊接,其间只加装衬垫物。撤去夹具后的蒙皮仍处于张拉应力状态,故又称张拉蒙皮。

3. 车顶

车顶是车身上重要的基础构件,其功用就是封闭车身上表面,起到防雨和防止上方掉落物砸到车内的作用,同时以其光顺的表面减少行车阻力,美化外形。

车顶载荷主要来自后备架、扶手座。承载式车身的车顶还与车身的其他构件一起共同承受车身整体的变形应力。为了提高车顶的承载能力进而增加车身的整体刚度,同时也为防雨、排水的需要,车顶大都采用具有一定深度的拱形顶盖,并用箱形断面的杆件做成沿顶盖的周边布置的圈梁兼作顶盖的基础,圈梁再与窗柱刚性地连接。

城市客车为了车内通风换气的需要,在顶盖上部常开设天窗。由于天窗削弱了车顶的强度且影响了密封,因而天窗四周一般都加有横向借助于顶盖拱形梁、纵向借助于顶盖纵梁的窗框,并在天窗结构上和窗的周边采取相应的防锈与密封措施。而长途客车为了装运物品的需要,同时为了充分利用车内空间,往往在车顶上或者车内还加设了后备架等附件。

由于车顶的拱形,雨水总是流向车身两侧的车窗,使车窗的密封受到威胁。因此,在车顶的两侧靠近车窗部位均设有排水槽(俗称水沿)。排水槽的长度方向沿着车身长度的走向,并在前端或后端向下倾斜，以便排水。车顶排水槽有两种结构：一种是分体式；另一种是一体式，如图 2-88 所示。

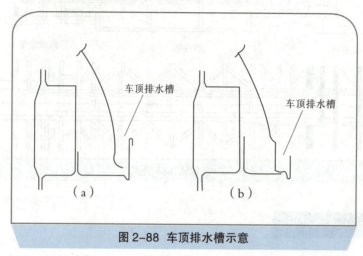

图 2-88 车顶排水槽示意

(a) 分体式车顶排水槽；(b) 一体式车顶排水槽

4. 风窗与侧窗

(1) 风窗

　　风窗结构通常为曲面封闭式，在车身的风窗框与风窗玻璃之间，用橡胶密封条连接。密封条起着密封与缓冲的作用，可防止车身受力时因窗框变形而导致损坏玻璃。

　　客车的前风窗玻璃大多采用曲面或柱面玻璃，以改善视野和外观。各国的安全标准均规定客车的前后风窗玻璃必须采用安全玻璃，目前采用的这种玻璃有钢化玻璃、区域钢化玻璃和夹层玻璃三种。

(2) 侧窗

　　客车的侧窗结构按启闭方式可分为提窗结构、摇窗结构和移窗结构三种。对空调客车，其侧窗均为封闭式结构。

　　提窗和摇窗结构是根据薄板冲压构件焊接的车身骨架结构特征而设计的，这种结构的密封性、防振性都较差，其侧窗下沿以下的骨架及蒙皮易于锈蚀，因此已很少使用。

5. 车门

　　车门的结构类型很多，常见的有旋转门、拉门、折叠门、外摆门等。

　　旋转式车门是由壳体、附件和内饰盖板三部分组成的。客车上采用的旋转式车门均为整体式（如图 2-89 所示），整体式车门的窗框是与车门的内、外板一体冲压而成的，其优点是车门零件少，组装方便，车门刚性好，便于设置两道密封条。车门壳体是由厚度为 0.8~1.0 mm 的钢板冲压的外板和内板焊接而成的。外板外形应与整车相协调，外板包着内板，沿着门的边缘形成一道刚性箍。内板是车门的主要零件，在内板上冲有各种形状的孔穴、加强筋和孔洞，以便安装附件。在安装完附件后，用内饰板将其遮盖。根据需要在内板上焊有加强板和支架等，以便将局部集中载荷有效地传到内板较大的垂直面上。

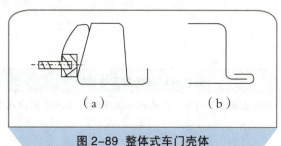

图 2-89 整体式车门壳体

（a）外板与内板焊接；（b）外板包着内板

6. 车身防锈

车身锈蚀是影响车身寿命的主要因素之一，在制造过程中应在车身结构上采取措施以防止泥水和潮气侵入车身。图 2-90 所示是客车上常见的一种典型的排水结构，图 2-90（a）为汽车顶盖焊在排水槽上，这种结构只有在焊接质量好且接缝密封时，才能保证水不漏入车内；图 2-90（b）的结构，即使焊接质量不理想，也能有效防止水的渗漏情况。

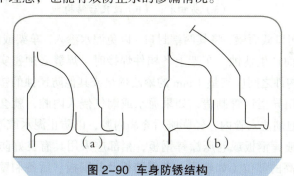

图 2-90 车身防锈结构

（a）顶盖焊在排水槽上；（b）顶盖焊在防水槽外侧

图 2-91（a）所示为大客车底架上靠近轮胎的乙形横梁所采用的挡水结构，但若将排水结构做成图 2-91（b）那样，则应设法填满下翼缘上的弯角，使车轮飞溅上的泥水能顺坡流走，不致积存。

此外，在车身钣件的搭接处也应尽量消除凹兜以避免存积泥水，如果将图 2-92（a）所示的结构改为图 2-92（b）所示的结构，则可防止积水。

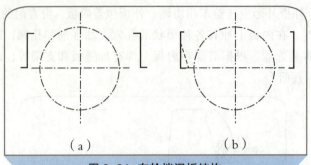

图 2-91 车轮挡泥板结构

（a）可防止积水；（b）需填满下翼缘的弯角处才能防止积水

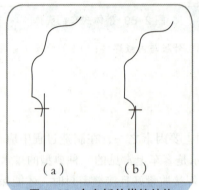

图 2-92 车身钣件搭接结构

（a）易积水；（b）改良后结构

底架与车架应采用闭口截面梁，将其两端封口，以免泥水渗入。车架或底架构件的锐边应磨圆，因为锐边易将漆层擦伤而产生锈蚀。车架上各构件焊接时，焊缝必须密实，以免缝隙腐蚀，在采用螺钉或铆钉连接时，构件之间应夹垫 1 mm 的聚乙烯垫或其他防锈蚀的垫片。

车身骨架一般多采用异型钢管制造，如果泥水或潮气侵入内腔，就会形成锈蚀灶，为此，可将聚氨甲酯酸溶液加发泡剂注入管内，经膨胀后充满内腔，以防止泥水或潮气侵入。

车身外蒙皮应采用镀锌钢板或卷压涂锌钢板，裙部应采用具有良好防锈性能的铝板；对易黏附泥水和强度要求较高的部位（如轮罩、车门踏板及其围板、后备厢壁板等），则可采用不锈钢板。为了提高外蒙皮的防锈能力，除采用保护性涂层外，在蒙皮互相连接处必须避免出现缝隙，最好采用密实度较好的连续滚焊。如采用点焊，则必须用防锈油或腻子填缝。

任务六 货车的车身结构

为了满足装运货物和驾驶汽车的需要,货车车身具有用于驾驶员操纵汽车的空间和容纳货物的装放场所。这两部分因功能上的不同,结构和要求具有极大的差别。前者(即用于驾驶员操纵汽车的空间)被称为驾驶室,后者(即容纳货物的装放场所)被称为货箱。因此,一般货车车身都是由驾驶室和货箱两大部分组成。

一、驾驶室结构

1. 货车驾驶室

平头式驾驶室一般置于相当于前轴的位置上,发动机室完全伸进驾驶室或移向后部,使整车长度缩短,驾驶视野更开阔。与长头式驾驶室相比,平头式驾驶室的货车更适合于载运较长货物或密度较小的物资。因而,这种驾驶室已经成了当前普通货车发展的主流。

按照驾驶室与车架的固定方式,又分为固定式和可翻转式两种。固定式驾驶室为驾驶室与车架用螺栓连接在一起;可翻转式驾驶室则具有一套翻转机构,需要检修发动机时,可以使驾驶室向前翻转一定的角度。

同是平头式驾驶室,其内部也有两种布置方案。一种形式是发动机完全置于前轴之上;另一种形式是发动机室高于底板并占据了驾驶室的一部分空间。这种方案导致驾驶室内座位布置较为拥挤,并且容易受发动机热辐射和噪声的影响,多用于发动机机体尺寸较高的车型。

(1)驾驶室结构件

固定式驾驶室按室内座位的位置可分为单排座和双排座。其整体结构基本上也都是用板壳式构件拼焊而成,另用一些骨架式构件作为加强件,形成半骨架式壳体,如图2-93所示。

对于翻转式驾驶室,由于前部安装机构的受力作用,前部构件与底部共同起着翻转后驾驶室整体的支承作用,所以前部构件是驾驶室中强度、刚度最好的零件之一。

前立柱的下端与车底相连,上端则支承着驾驶室顶,它采用高强度钢板经冲压成形。前围面板的两端与前立柱内外板共同形成双重构造的壳式结构,不仅起到对驾驶室的装饰作用,对前立柱同样也具有加强作用。

为提高前部结构件的整体性,仪表板支架将左右立柱横向连为一体。前面板又以铆接或焊接方式将前部结构件包容起来,形成了合理的车身外形。

图 2-93 驾驶室结构件

底部构件主要由车底横纵梁、左右车门槛和冲压成形的底板组焊而成，它是起支承驾驶室整体作用的基础性构件，与前部结构件共同承受驾驶室翻转时的重力载荷。与前部构件不同的是底部构件在行驶中还承受来自驾驶室内部的其他载荷。

（2）驾驶室的安装机构

驾驶室能够自动倾翻，是前部扭力杆作用的结果。由驾驶室后拱中部的挂钩和扭力杆端的锁定杠杆构成的这种倾翻方式，是最具代表性的典型方案。

驾驶室的安装机构分为前后两个部分：其中前部承担扭力用于使驾驶室翻转；后部则用于锁住驾驶室以防止其自行向前翻转。

驾驶室前部的支承结构由一根焊在驾驶室底框支承座上的管梁和两个装有减振橡胶套的支承架组成（如图 2-94 所示）。驾驶室的后部支承结构，分别用两个支架和装有橡胶减振垫的支承座组成。

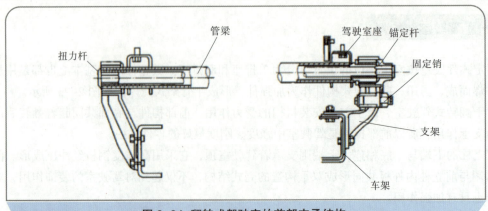

图 2-94 翻转式驾驶室的前部支承结构

起自动翻转作用的核心零件是装配在管梁中的扭力杆。扭力杆的端头为六角形，一端与连接驾驶室的管梁固定，另一端则与固定杠杆固定，并用固定销锁紧于装在车架上的铰链支架孔中。当驾驶室处于正常位置时，扭力杆处于受扭载荷状态。扭力是驾驶室通过管梁和扭力杆一边的六角端头传递过来的。由于扭力杆另一边的六角端头用锚定杆固定，能量便储存于扭力杆中。当驾驶室后部的安全锁钩处于释放状态时，储存于扭力杆中的能量便被释放，其扭转弹力反作用于驾驶室使其自动推向前倾位置。

2. 驾驶室的悬置

为了缓和并隔绝振动和噪声，驾驶室主体是通过三点或四点具有适当弹性的橡胶垫安装在车架上的，这些支承点通常称为悬置点。一般三点悬置的两点布置在前，一点布置在后；用四点悬置时，虽然在前后各布置两点，但前两点的横向距离比后两点的横向距离要大得多，可视驾驶室和车架的结构而定。布置悬置点的原则，应着眼于受力和振动情况，首先应尽量设法将前悬置点布置在前支柱下端或附近；其次则是将悬置点安排在车架的振动节点上或其附近，以缓和传到车身上的振动。

驾驶室悬置点的材料多采用天然橡胶，它的强度较高、内摩擦大且残余变形较小，是一种比较理想的材料。就隔振来说，当然是采用刚度低的橡胶为好，可实际上要想隔绝 50 Hz 以下的振动是很困难的。

按受力方向分，橡胶悬置可分为剪切型和压缩型两种（如图 2-95 所示）。剪切型具有纵向刚度低和横向刚度高的优点，隔振性能较好而且可以降低噪声。但会产生大的振幅使行驶不够平稳，影响其耐久性，故逐渐被压缩型所代替。使用或更换压缩型橡胶垫时，必须特别注意调妥车架一侧的垫片，以避免车架和驾驶室之间垂直方向的误差过大，在橡胶垫上增加额外载荷。决定橡胶垫耐久性的主要因素为其产生交替变形时的最大挠度，压缩型橡胶垫的最大容许挠度可达自身安装高度的 25%~30%。

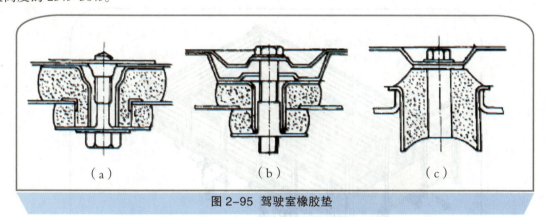

图 2-95 驾驶室橡胶垫

（a）压缩型；（b）压缩型；（c）剪切型

二、货箱结构

载货汽车货箱可以分为平板式、栏板式和厢式。同一种型号的货车可以有不同形式的货箱，通常由专门的工厂根据不同用途来进行改装或改造。货箱多以螺栓、U 形卡等与车架进行可拆式固定，它一般不兼顾车身的刚度平衡，但对货箱本身则有不可忽视的局部强度要求。

1. 平板式

平板式是无栏板式货箱，主要用于承运集装箱。平板相当于其他各类货车货箱的底板，结构上的区别在于平板四周装有集装箱锁。这是专为防止集装箱在运输过程中发生倾翻和位移而设置的。

平板式货箱的构造除因使用材料不同而有所区别外，其结构大致相同。以钢材为主的货箱底板，由于压制的波纹型钢板也具有一定的承载能力，所以可以使底板纵梁承载面降低，这对装卸货物很有意义。而木制货箱横纵木梁叠加并铺以木制底板，使货箱承载面被加高。

为了防止木材损伤、腐朽等，绝大多数木制货箱底的表面还覆盖一层薄钢板。目前，更加流行的是钢木混合型货箱，它具有两种材料的双重优点，并有着深刻的合理利用资源的意义。

钢木混合型的货箱底板结构，多用型钢或钢板冲压件组焊成骨架，其上再以钢木制作的底板加以覆盖。对于承受载荷不大的底板，可直接使用波纹小的钢板；对于需要承受较大载荷的，可以加深钢板的波折，并用木条有间隔地将波折填平；钢板波折过大时，则适于将木板直接覆盖其上。

为装卸货物方便起见而设计的低承载面货箱也会带来问题的另一面，底板在后车轮的部位形成凸起，但也有通过缩小后车轮的尺寸和改进车架设计等，使低承载面货箱实现了平底式。

2. 栏板式

栏板式货箱有两种形式：一为普通式；二为插接式。

普通栏板式货箱也是应用最为广泛的一种形式，其外形类似于没有上盖的方形盒子。它由矩形底板和沿底板周边布置的四块高度为302~500 mm的挡货柱板（前板和左、右边板）组成，如图2-96所示。为了装卸货物的方便，有一部分栏板被做成可往外侧开启180°。常见的有三开式和单开式两种形式。

图2-96 栏板式货箱的结构

三开式货箱的左、右边板和后板均有若干个铰链安装在底板上，栏板能以铰链为轴线上、下翻转，翻到上面位置时用相邻两个栏板上的栓杆和栓钩互相扣紧，呈未开启状态；若脱开栓杆和栓钩，则可翻下栏板，使其处于开启状态。

单开式货箱又称底板式货箱，这种货箱底板离地高度较低，因汽车的轮罩凸入底板内并与两侧边板连接，因而只有后面的栏板可以开启，其余栏板则均为固定式。

货箱底板一般通过横梁支于车架纵梁上，多数货箱底板另设有纵梁，以增加支承刚度。

按构成货箱的材质，普通货箱又分有木结构、钢木结构和钢结构三种。

3. 厢式

为了运送特定的货物还常常要用到封闭的厢式货箱。厢式货箱利用型材或冲压的构件制成框架，再覆蒙皮形成封闭壳体。为提高强度和使蒙皮不致发生振动，几乎所有表面都制成波纹筋，加之与底板刚性连接，整个壳体具有很大的刚度和承载能力。

另外，铝合金厢式货箱也开始在一些有特种用途的货车上采用，这也是近年来对汽车轻量化有了更新的追求目标后产生的，这种厢式货箱一般为六块板式结构，结合部借助主体框架用螺钉、铆钉等方式连接在一起。这种以铝合金材料为主体的货箱，在主要承载部位还使用了特殊铝合金材料，外蒙皮均为铝合金板，这种车身对阳光的反射率好，能使车内温度降低，适合运输一般杂物等。

课题二 汽车的车身结构

思考与练习

一、填空题

1. 汽车车身上用到的高强度钢板主要有_____、_____、_____、_____、_____等。
2. 轿车侧围的主要零部件有_____、_____、_____、_____、_____和_____等。
3. 承载式车身的门槛梁通常由_____、_____组成。
4. 按承载形式客车车身可分为_____、_____和 三大类。
5. 底板指车身_____和_____的板制构件，主要由_____、_____、_____、_____、_____、_____等部分组成。

二、简答题

1. 承载式车身结构和非承载式车身结构有何区别？

2. 承载式车身和非承载式车身有何优缺点？

3. 轿车车身门槛梁的结构与车身构件的连接关系如何？

4. 轿车车身有何结构特点？

5. 简述车身轻量化对环境保护的意义。

课题三　汽车仪表台和控制台的拆装

[知识目标]

1. 掌握仪表台和控制台的拆装步骤。
2. 熟悉仪表台和控制台拆装的注意事项及要领。

[技能目标]

1. 会按照拆装前的基本原则来实施拆装步骤。
2. 能熟练掌握拆装的步骤和拆装时的注意事项。

[素养目标]

1. 通过分小组进行实操训练，提高学生的团队合作意识和集体荣誉感。
2. 通过实训操作，培养学生独立解决实际问题的能力，规范操作的能力及提高 5S 意识。

任务一　拆装前的基本原则和安全要求

一、拆装前的基本原则

● 基本步骤为先外后内，先附件后主件。装配时，应先拆的后装，该拆的一定要拆，能不拆的尽量不拆；拆装时，应尽可能做到不中断。
● 拆装中要确保场地、机件、工具的清洁。
● 合理选择、正确使用工具，遵守安全规程。
● 对某些不可互换、有装配规定的零部件，如方向盘下部的游丝，应做好安装记号，防止错位或错装。
● 拆下零部件应正确存放或按安装关系分组，以免丢失。

二、拆装前的安全要求

1. 对人员的安全要求

拆装时应穿好工作衣、工作鞋,严格执行汽车维修方面的安全操作规程,确保作业安全。

2. 对拆装工具使用的安全要求

- 根据螺钉或螺母的类型或大小合理选择拆装工具。
- 使用工具时严禁用工具敲打螺钉及螺母表面,以免损坏螺钉或螺母。

任务二　汽车仪表台和控制台的拆装

下面以速腾车型为例讲解汽车仪表台和控制台的拆装。在拆装之前，应铺好车内四件套（如图 3-1 所示），防止在拆装过程中工具的掉落对车内皮套的损坏。

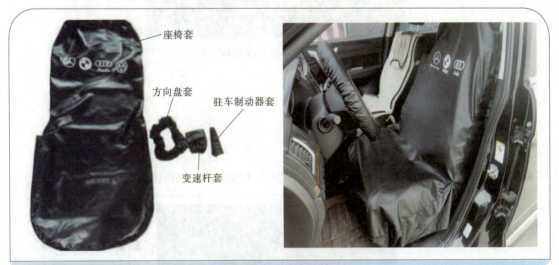

图 3-1　车内四件套的铺设

一、断开蓄电池负极

● 将钥匙插入锁芯中，如图 3-2 所示（红色圈处）。

图 3-2　将钥匙插入锁芯中

注意：此步骤是为了保证汽车断电后转向管柱锁处于解锁状态，通俗地讲就是方向盘可以自由旋转。

- 将变速器置于空挡位置（自动变速器杆的挡位置于 N 挡），将驻车制动器拉好，防止车辆滑移。
- 使用套筒工具拆卸蓄电池负极电缆，如图 3-3 所示。

图 3-3 拆卸蓄电池负极电缆

- 拔出钥匙。

二、转向柱罩的拆卸

- 从仪表锁钩橡胶上拆卸上柱面装饰板（如图 3-4 所示的红色框位置）。

图 3-4 拆除上柱面的装配

- 使用花键扳手拆卸左侧下柱面罩的螺栓，如图 3-5 所示。

图 3-5 拆卸左侧下柱面罩螺栓

- 使用花键扳手拆卸右侧下柱面罩的螺栓，如图3-6所示。

 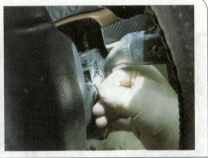

图3-6 拆卸右侧下柱面罩螺栓

- 取下下柱面罩板，如图3-7所示。

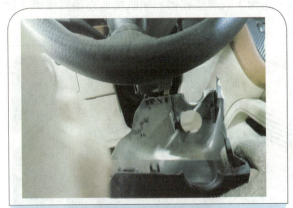

图3-7 取下下柱面罩板

- 安装时按照与拆卸相反的顺序进行。

三、方向盘的拆卸

- 使用一字螺丝刀拆卸驾驶员侧气囊紧固螺栓，如图3-8所示。

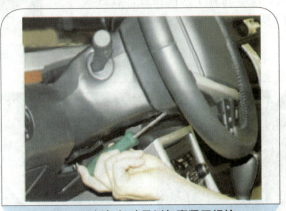

图3-8 拆卸驾驶员侧气囊紧固螺栓

课题三 汽车仪表台和控制台的拆装

● 使用一字螺丝刀分别向外撬开主驾驶室（正面）气囊后部卡簧的两个锁扣，如图3-9所示。

图3-9 拆卸主驾驶室气囊总成

● 首先拆卸主驾驶室（正面）气囊连接器和喇叭接地连接器线束，如图3-10所示。然后取下气囊总成，如图3-11所示。

图3-10 拆卸气囊连接器和喇叭接地连接器线

注意：在拆卸气囊总成时，必须轻拿轻放，禁止将带电的器具接触气囊连接器的插口，否则将造成人身伤害。

● 在保持转向盘不旋转的状态下，使用合适的套筒扳手拆卸转向盘固定螺栓，如图3-12所示。

● 将转向盘置于中间，使车轮处于向前位置，然后取下转向盘总成，如图3-13所示。

图3-11 取下气囊总成

图3-12 拆卸转向盘固定螺栓

图 3-13 取下转向盘总成

● 安装时按照与拆卸相反的顺序进行。

四、拆卸转向柱上拔杆组合开关

● 首先使用一字螺丝刀撬松四个固定气囊游丝的卡扣,如图 3-14 所示。然后取下气囊游丝,如图 3-15 所示。

图 3-14 拆下气囊游丝总成

图 3-15 取下气囊游丝

注意:在拆下气囊游丝后,建议用胶带粘住游丝盒(如图 3-15 所示),以免分不清接口位置,在装配时出错;如果忘记粘,可采用"左三圈""右三圈"再对中的原则安装,就不会出错。

● 断开组合开关上的连接线束,从转向管柱上拆下组合开关总成,如图 3-16 所示。

图 3-16 拔下组合开关线束并取下组合开关

● 安装时按照与拆卸相反的顺序进行。需要注意：在安装气囊游丝时，必须对好位置再安装。

五、仪表的拆卸

● 拆卸仪表下附件板，如图 3-17 所示。

图 3-17 拆卸仪表下附件板

● 使用花键扳手拆下封闭板固定在转向柱管下盖板上的两颗螺钉，如图 3-18 所示。

图 3-18 拆卸转向柱管下盖板上的两颗螺钉

● 用力往外拉（如图 3-19 所示），松脱下封闭板固定在车身上的两个卡扣，取下该封闭板。

图 3-19 取下封闭板

● 使用花键扳手拆卸组合仪表固定在仪表板上的两颗螺钉,如图 3-20 所示(图中红色圈处)。

图 3-20 拆卸仪表板上的固定螺钉

● 从仪表板上松开组合仪表,取下组合仪表,如图 3-21 所示。这里与其他车型不同的是,速腾车型的组合仪表插头是固定在仪表板上的,而且只有一个插头,而其他车型则有 2~3 个插头,且都不是集成在一个插头上,也不是固定在仪表板上的。

● 安装时按照与拆卸相反的顺序进行。

六、手套箱总成的拆卸

● 拆卸副驾驶室仪表板侧面护板。
● 拆卸手套箱下部两颗螺栓,如图 3-22 所示(红色框处和箭头指向处)。

图 3-21 拆下组合仪表

图 3-22 拆卸手套箱下部螺栓

●拆卸手套箱上部三颗螺栓和侧面两颗螺栓,将手套箱向外推至极限位置,从仪表板中松开,如图 3-23 所示。

图 3-23 将手套箱向外推至极限位置

●取下手套箱总成,拆下手套箱上的温控线束,如图 3-24 和图 3-25 所示。

图 3-24 取下手套箱总成

图 3-25 拆下温控线束

● 安装时按照与拆卸相反的顺序进行。

七、中控台的拆卸

● 使用一字螺丝刀将换挡杆手柄下部的镀铬装饰板向上撬起，松开卡扣，如图 3-26 所示。

图 3-26 撬开换挡杆手柄镀铬装饰板

● 慢慢旋出换挡杆捏手，并取下，如图 3-27 所示。

图 3-27 旋出换挡杆捏手

● 首先拆卸储物盒的两颗固定螺栓，然后断开点烟器和驱动防滑开关连接线束，最后取出储物盒总成，如图 3-28 所示。

图 3-28 拆卸储物盒

（a）拆卸储物盒两颗固定螺栓；（b）取出储物盒总成

● 使用一字螺丝刀或专用工具，小心撬开中控台上的面板饰条，拆下中控台上的饰条，如图 3-29 和图 3-30 所示。

图 3-29 撬开中控台上面板饰条

图 3-30 拆下中控台上的饰条

注意：在使用一字螺丝刀时必须用电工胶带包住螺丝刀端部（如图 3-31 所示），因为中控台面板饰条是塑料的，而螺丝刀是金属的，所以如果直接接触，会对饰条产生刮痕或变形，影响美观和装配；也可使用面板饰条拆卸工具，如图 3-32 所示。

任务二　汽车仪表台和控制台的拆装

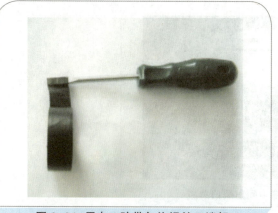

图 3-31　用电工胶带包住螺丝刀端部

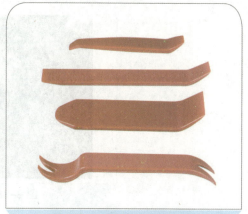

图 3-32　面板饰条拆卸工具

● 使用工具撬开中间仪表板出风口上盖板，如图 3-33 所示（红色框区）。

图 3-33　使用工具撬开仪表板上盖板

● 拔下阳光传感器线束，取下上盖板，如图 3-34 所示。

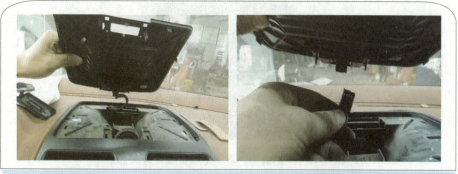

图 3-34　拔下阳光传感器线束并取下盖板

● 将出风口从定位件上松开，然后从前部开口位置拆卸两颗螺钉，如图 3-35 所示。

111

图 3-35 拆卸中间出风口总成

● 首先撬开固定危险警告灯开关的卡扣并取出危险警告灯开关，如图 3-36 所示。然后拔掉危险警告灯开关线束，最后取下危险警告灯开关总成，如图 3-37 所示。

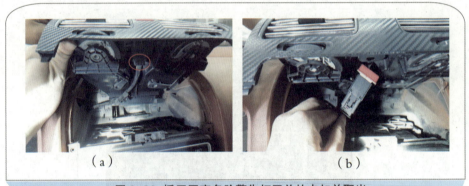

（a）　　　　　　　　　　　　（b）

图 3-36 撬开固定危险警告灯开关的卡扣并取出

（a）撬开固定危险警告灯开关的卡扣；（b）取出危险警告灯开关

图 3-37 拔掉线束，取下危险警告灯开关总成

● 使用工具轻轻撬动如图 3-38 所示两侧，拔出空调控制器总成，如图 3-39 所示。

图 3-38 轻轻撬动两侧

图 3-39 拔出空调控制器总成

●脱开空调控制器开关上的线束插头，取出空调控制器开关，如图 3-40 所示。

图 3-40 拆卸空调控制器开关

●使用花键扳手拆卸固定功放的四颗螺栓，如图 3-41 所示。

图 3-41 拆卸功放的固定螺栓

●取出功放总成，脱开功放控制线束，脱开天线线束，如图 3-42 和图 3-43 所示。

课题三 汽车仪表台和控制台的拆装

图 3-42 脱开功放控制线束

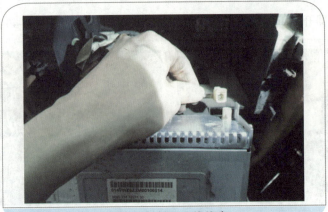

图 3-43 脱开天线线束

● 拆卸杂物箱内板固定在仪表板上的固定螺栓，如图 3-44 所示。
● 拆卸中控台前部固定在仪表板上左右两侧的固定螺栓，如图 3-45 所示。
● 拆卸驾驶员侧仪表板的下封闭板固定螺栓，如图 3-46 所示。

图 3-44 拆卸杂物箱上的固定螺栓　　图 3-45 拆卸中控台前部的固定螺栓

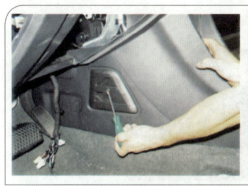

图 3-46 拆卸驾驶员侧下封闭板固定螺栓

● 拆卸副驾驶室侧仪表板下封闭板固定螺栓，如图 3-47 所示。

图 3-47 拆卸副驾驶室侧仪表板下封闭板固定螺栓

● 拆卸中控台面固定在安装支架上的螺栓，如图 3-48 所示。

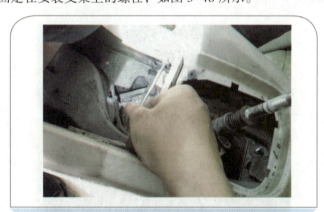

图 3-48 拆卸中控台面固定在支架上的螺栓

● 拆卸后储物盒的固定螺栓，如图 3-49 所示。

图 3-49 拆卸后储物盒的固定螺栓

● 拆卸后储物盒两侧固定在安装支架上的两颗固定螺栓，如图 3-50 所示。

图 3-50 拆卸后储物盒固定在支架上的螺栓

● 取下后储物盒总成，如图 3-51 所示。

图 3-51 取下后储物盒总成

● 拆卸扶手台储物箱固定在安装支架上的螺栓，如图 3-52 所示。

图 3-52 拆卸扶手台储物箱的固定螺栓

● 拆卸水杯架固定在安装支架上的固定螺栓，如图 3-53 所示。

图 3-53 拆卸水杯架固定在安装支架上的螺栓

● 取出中控台总成，如图 3-54 所示。

图 3-54 取出中控台总成

● 安装时按照与拆卸相反的顺序进行，这里不再详细阐述。

八、两侧 A 柱上饰板的拆卸

● 拆卸前车门左右密封条，如图 3-55 所示。

117

课题三 汽车仪表台和控制台的拆装

图 3-55 拆卸左右车门密封条

● 撬开左右 A 柱上饰板螺钉装饰盖 [如图 3-56（a）红色圈处]，拧出 A 柱上饰板总成固定螺钉，并取下装饰板总成 [如图 3-56（b）红色框处]。

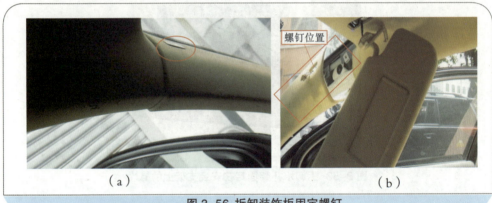

（a）　　　　　　　　　　　　（b）

图 3-56 拆卸装饰板固定螺钉

（a）撬开左右 A 柱上饰板螺钉装饰盖；（b）取下 A 柱上装饰板总成

● 安装时按照与拆卸相反的顺序进行。

九、两侧 A 柱下饰板的拆卸

● 拆卸发动机盖释放手柄，如图 3-57 所示。

图 3-57 拆卸发动机盖释放手柄

●撬开A柱下饰板总成固定在A柱上的卡扣并拆下左侧A柱下饰板总成，如图3-58所示。

图3-58 拆卸左侧下饰板总成

●撬开A柱下饰板总成固定在A柱上的卡扣并拆下右侧A柱下饰板总成，如图3-59所示。

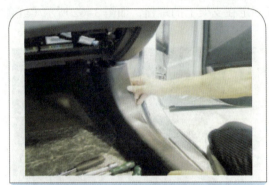

图3-59 拆卸右侧下饰板总成

●安装时按照与拆卸相反的顺序进行。

十、拆卸仪表板

此步骤可分为两种拆法：第一种是骨架和仪表板一起拆卸；第二种是只拆仪表板总成。如果按照第一种拆法，那么只有先拆卸前雨刮总成，才能使骨架、仪表板跟车身分离。下面主要讲解第二种拆装方法，以速腾车型为例，详细讲解拆装步骤。

●拆卸驾驶员侧储物盒，取下储物盒，如图3-60所示。

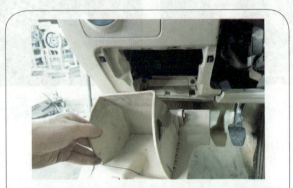

图3-60 拆卸驾驶员侧储物盒

● 拆卸驾驶员侧储物盒下部两颗螺钉，如图 3-61 所示，并取下装饰板。

图 3-61 拆卸驾驶员侧储物盒下部的螺钉

● 拆卸驾驶员侧仪表板固定在支架上的螺栓，如图 3-62 所示（红色圈处两颗螺栓）。

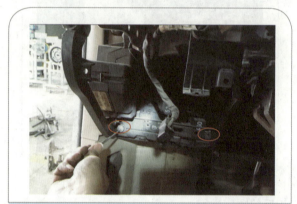

图 3-62 拆卸仪表板固定在支架上的螺栓

● 拆卸驾驶员侧装饰盖板，使用花键扳手拆卸保险盒固定在支架上的螺栓，如图 3-63 所示。

图 3-63 拆卸保险盒固定在支架上的螺栓

● 拆卸驾驶室侧仪表板固定在支架上的螺栓，如图 3-64 所示。

任务二　汽车仪表台和控制台的拆装

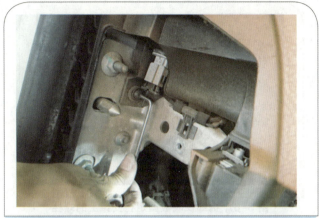

图 3-64　拆卸驾驶员侧仪表板固定在支架上的螺栓

● 拧出副驾驶室下部左侧仪表板固定在支架上的螺钉，如图 3-65 所示。

图 3-65　拧出副驾驶室下部左侧仪表板固定在支架上的螺钉

● 拔掉副驾驶室下部安全气囊插头，如图 3-66 所示。

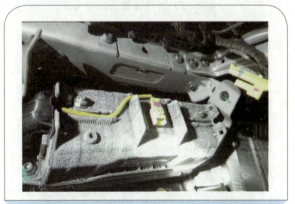

图 3-66　拔掉副驾驶室下部安全气囊插头

● 拆卸副驾驶室内侧仪表板固定在支架上的螺栓，如图 3-67 所示。

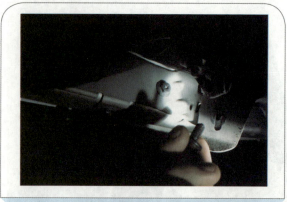

图 3-67 拆卸仪表板固定在支架上的螺栓

● 清理线束，观察是否还有未脱开的线束及控制开关，如图 3-68 所示。

图 3-68 清理线束及控制插头

● 取下仪表板总成，如图 3-69 所示。

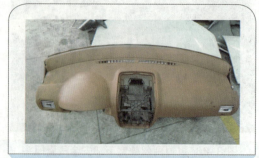

图 3-69 取下仪表板总成

注意：此步骤需要两个人协同工作。

● 安装时按照与拆卸相反的顺序进行，这里不再详细阐述。

思考与练习

一、填空题

1. 拆卸方向盘上的气囊时需要拆卸_____、_____两个线束插头。
2. 使用一字螺丝刀拆卸饰板时需要在一字螺丝刀的端部做_____。

二、简答题

1. 在拆卸汽车仪表台前应做哪些保护措施？

2. 拆卸气囊游丝时，需要注意哪些方面？

3. 简要叙述拆卸工作前都有哪些必要准备的工作内容和安全要求？为什么？

4. 在操作中有哪些需要注意的5S工作内容，请依照拆卸步骤简述下来。

课题四

汽车座椅和安全带、雨刮器的拆装

[知识目标]

1. 掌握座椅的拆装步骤。
2. 掌握安全带的拆装步骤。
3. 掌握雨刮器的拆装步骤。

[技能目标]

1. 能在拆装的过程中掌握座椅、安全带、雨刮器的拆装方法及要领。
2. 会正确拆卸安全带,掌握拆装时的注意事项。

[素养目标]

1. 通过分小组进行实操训练,提高学生的团队合作意识和集体荣誉感。
2. 通过实训操作,培养学生独立解决实际问题的能力,规范操作的能力及提高5S意识。

任务一 汽车驾驶室座椅的拆装

一、汽车座椅概述

1. 汽车座椅的组成

以汽车驾驶员座椅为例,其主要由以下零部件组成:坐垫骨架、靠背骨架、头枕、泡沫及面套、调角器、滑轨、塑料装饰件等。汽车座椅的组成如图4-1所示。

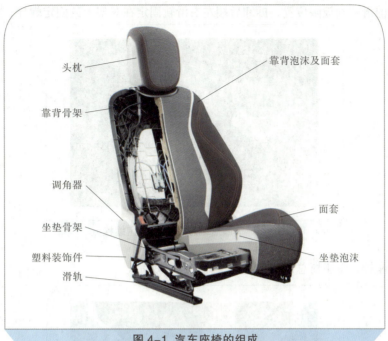

图 4-1 汽车座椅的组成

2. 座椅的分类

汽车座椅根据其使用位置可分为前排、中排、后排座椅。其中,前排座椅一般为驾驶员座椅和副驾驶员座椅;中排座椅一般分为单人独立座椅、双人连体座椅或 4/6 分座椅;后排座椅一般为三连体座椅或 5/5 分座椅。

汽车座椅根据结构方式可分为机械式和电动式两种。

二、驾驶室座椅的拆装

下面以速腾机械式驾驶员座椅为例讲解其拆装过程。

● 将座椅向后滑移到极限位置,拆卸前端左右滑轨固定在车架上的固定螺栓,如图 4-2 所示。

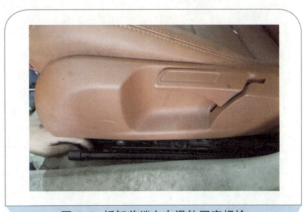

图 4-2 拆卸前端左右滑轨固定螺栓

● 将座椅向前滑移到极限位置,拆卸后端左右滑轨固定在车架上的固定螺栓,如图4-3所示。

图4-3 拆卸后端左右滑轨固定螺栓

● 轻轻晃动座椅,将座椅总成抬出车内,如图4-4所示。

图4-4 将座椅总成抬出车内

● 安装时按照与拆卸相反的顺序进行。

任务二　汽车安全带的拆装

一、汽车安全带概述

1. 安全带的组成

安全带一般由织带、卷收器、带扣、高度调整机构（导向件、调节器）等组成，如图4-5所示。

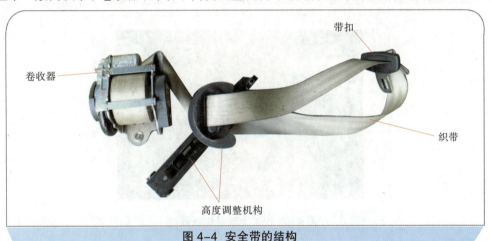

图4-4　安全带的结构

2. 安全带的分类

安全带是保障乘客安全的一个必不可少的构件。安全带依其固定乘客的方式分为五种类型，即两点式、肩带式、三点式、四点式和特殊型，其中以两点式（也称腰带）和三点式两种较为流行。前者以腰间两点固定于汽车座椅上，后者则由肩带式与腰带式组合形成三点式固定。

安全带卷收器是自动卷收全部或部分织带的储带机构，有非锁紧式、自动锁紧式、紧急锁紧式三种类型。

非锁紧式能卷收全部织带但不能对其锁紧，故需配备长度调节器以限制拉长极限；自动锁紧式能自动调节织带的松紧度，同时还具有自动收紧的功能；紧急锁紧式的织带可自由拉长或卷回，不妨碍乘客上身的自由活动，但当发生意外时锁紧装置就立刻起作用——将织带锁紧。

二、汽车安全带的拆装

● 把点火开关旋到 LOCK 位置，使用套筒工具拆卸蓄电池负极电缆，等待一分钟或连续拨动点火开关到 ACC 位置 1~2 次，目的是充分释放残余电量，使安全气囊暂时失效，如图 4-6 所示。

图 4-6 拆卸蓄电池负极电缆

● 使用工具轻轻撬开 B 柱上部装饰板螺栓装饰盖，并拧下螺栓，如图 4-7 所示。

图 4-7 拧下上部装饰板螺栓

● 使用工具轻轻撬开上部装饰板边缘（如图 4-8 所示），取下上部装饰板，如图 4-9 所示。

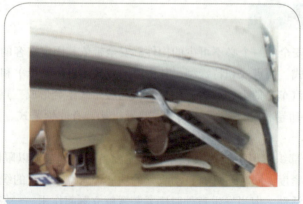

图 4-8 撬开上部装饰板边缘

图 4-9 取下上部装饰板

● 拆卸门槛梁上的装饰板并取下，如图 4-10 所示。

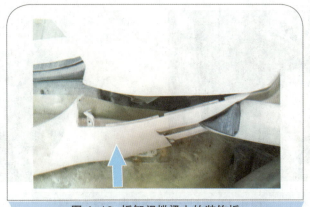

图 4-10 拆卸门槛梁上的装饰板

● 拆卸 B 柱下部装饰板，拧出安全带端部接合件固定螺栓，并取下下部装饰板件，如图 4-11 所示。

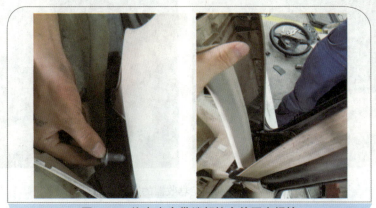

图 4-11 旋出安全带端部接合件固定螺栓

注意：安全带端部接合件固定螺栓涂有微密封胶，松开后必须更换新的螺栓，在安装新的螺栓之前必须清洁相应螺母的螺纹。

● 使用工具拆卸安全带导向件固定螺栓，如图 4-12 所示。

图 4-12 拆卸安全带导向件固定螺栓

● 使用工具拆卸安全带高度调节器固定螺栓（如图 4-13 所示），取下高度调节器和导向件。

图 4-13 拆卸安全带高度调节器固定螺栓

● 使用工具拆卸卷收器固定在 B 柱下部的紧固螺栓（如图 4-14 所示），并取出卷收器总成。

图 4-14 拆卸固定卷收器的紧固螺栓

注意：侧气囊传感器安装在 B 柱下端，也就是 B 柱安全带下端位置。在对 B 柱区进行操作时，应避免对 B 柱下端造成过度冲击，禁止使用锤子敲打。

● 脱开气囊传感器线束，如图 4-15 所示。

图 4-15 脱开气囊传感器线束

注意：静电放电可能导致安全气囊意外触发而对人身造成伤害，因此操作员必须在脱开插头连接之前进行静电放电。放电的方法可通过接触车身等来放电。

● 取下安全带总成，如图 4-16 所示。

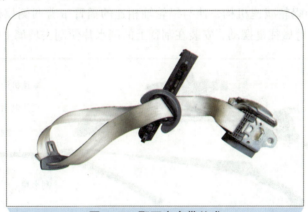

图 4-16 取下安全带总成

● 安装步骤与拆卸步骤相反。

任务三 汽车电动刮水器的拆装

一、汽车电动刮水器概述

1. 电动刮水器的组成

电动刮水器主要由直流电动机、减速机构、拉杆、摆杆、刮臂、刮水片等组成，如图4-17所示。直流电动机旋转，带动蜗轮减速机构，使与蜗轮轴相连的摇臂带着两侧拉杆做往复运动，拉杆则通过摆杆带着左、右刮臂做往复摆动，安装在刮臂上的刮水片便刮去玻璃上的雨水、雪水和灰尘。

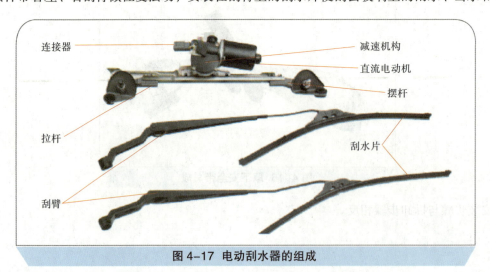

图4-17 电动刮水器的组成

2. 电动刮水器的作用

电动刮水器能提高汽车在雨天和雪天行驶时驾驶员的能见度。

二、汽车电动刮水器的拆装

下面以速腾为例讲解电动刮水器的拆装步骤。

● 拆卸挡风玻璃刮水器臂罩，拆卸刮臂固定在刮水器支架上的紧固螺母，如图4-18所示。

图 4-18 拆卸刮臂固定螺母

●拆下发动机盖密封条上的盖板，拆下发动机盖左、右侧通风孔百叶窗，如图 4-19 所示。

图 4-19 拆卸盖板及左右侧通风孔百叶窗

●拆卸中间支架固定在车身上的紧固螺栓，如图 4-20 所示。

图 4-20 拆卸中间支架固定螺栓

●拆卸左侧刮水器支架固定在车身上的紧固螺栓，如图4-21所示。

图4-21 拆卸左侧支架固定螺栓

●断开连接器，如图4-22所示。

图4-22 断开连接器

●取出刮水器连接总成，如图4-23所示。

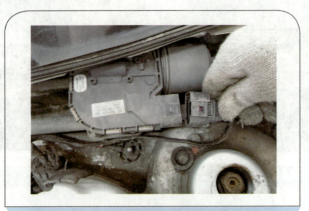

图4-23 取出刮水器连接总成

●安装步骤与拆卸步骤相反。

思考与练习

一、填空题

1. 电动刮水器主要由_____、_____、_____、_____、_____、_____等组成。
2. 安全带卷收器有_____、_____、_____三种类型。
3. 汽车安全带主要_____、_____、_____、_____和_____特殊型等五种类型。

二、简答题

1. 拆卸安全带卷收器上的气囊线束时，需要注意什么？

2. 刮水器有何作用？

3. 自行查阅资料，简述安全气囊拆装时如何进行静电放电操作。

课题五　汽车车门附件的拆装

[知识目标]

1. 掌握汽车车门的拆装步骤。
2. 掌握汽车门锁的拆装步骤。
3. 掌握汽车后视镜的拆装步骤。
4. 掌握汽车玻璃及玻璃升降器的拆装步骤。

[技能目标]

1. 能够正确拆卸车门内饰板件及后视镜总成。
2. 学会电动车窗的拆卸步骤及注意事项。
3. 能正确拆卸车门锁并能将其复位。

[素养目标]

1. 通过分小组进行实操训练，提高学生的团队合作意识和集体荣誉感。
2. 通过实训操作，培养学生独立解决实际问题的能力，规范操作的能力及提高5S意识。

任务一　汽车车门内饰板的拆装

一、车门内饰板及其他功能附件

车门内饰板上的附件有：车门把手、内开扳手、玻璃升降操控机构、防冲保护垫等。

车门内饰板的功能有：提供与车门相关的内部装饰、操作及防护功能；提供一定的储物空间；提供乘员的侧面防护功能；提供乘员在车内的开关操作功能等。

二、车门内饰板的拆装

下面以速腾车型为例讲解驾驶室车门内饰板的拆装过程。
● 使用套筒工具拆卸蓄电池负极电缆,如图 5-1 所示。

图 5-1 拆卸蓄电池负极电缆

● 使用工具,按图 5-2 中箭头所指方向将拉手外壳上部从车门饰板的定位件中向上撬出。

图 5-2 拆卸车门拉手饰件

注意:在安装时按照如图 5-2 所示箭头方向按压,以保证卡扣安装到位。
● 取出拉手外壳,脱开车窗玻璃控制线束(红色圈处),取下外壳总成,如图 5-3 所示。

图 5-3 脱开线束,取下外壳总成

● 使用花键扳手拆卸拉手外壳内部如图 5-4 所示的红色圈处的两颗固定螺栓。

课题五 汽车车门附件的拆装

图 5-4 拆卸拉手内部固定螺栓

注意：在安装面板时需要用纸张或胶纸封住如图 5-4 所示（箭头处）的、螺钉下面的两个长方形孔，以免螺钉掉进孔内，造成返工。

● 使用花键扳手拆卸车门饰板下部三颗紧固螺栓，如图 5-5 所示（红色圈处）。
● 使用花键扳手拆卸车门饰板内侧上部紧固螺栓，如图 5-6 所示。

图 5-5 拆卸车门饰板下部三颗螺栓　　图 5-6 拆卸车门饰板内侧上部紧固螺栓

● 使用面板拆卸工具（如图 5-7 所示），按照如图 5-8 所示箭头方向往外撬，观察塑料卡扣的位置（如图 5-7 所示）。准确找到卡扣位置后，用力往外拉，即可拆下车门内饰板总成。

图 5-7 面板拆卸工具及塑料卡扣

图 5-8 撬松车门内饰板件

●脱开车门拉手钢丝线（如图 5-9 所示），沿红色箭头往外脱离钩子，沿绿色方向拉，钢丝线即可脱离。

图 5-9 脱开车门拉手钢丝线

●取出车门内饰板，脱开内饰板内侧喇叭控制线束、车门控制单元线束如图 5-10 所示，取下车门内饰板总成。

图 5-10 脱开相关控制线束

●安装步骤与拆卸步骤相反。

任务二　汽车后视镜的拆装

一、后视镜的组成

后视镜用来反映车辆后方、侧方和下方的情况，使驾驶员的视界更广。后视镜分外后视镜和内后视镜，这里指外后视镜。

电动后视镜由直流电动机、连接机构等组成。

在左右两个后视镜的背后各装有两套永磁电动机驱动系统，其中一套电动机控制后视镜的上下运动；另一套电动机控制后视镜的左右运动。后视镜的运动方向受开关控制，开关位于不同的位置，流经电动机的电流方向就不同，电动机的转动方向也就不同。

二、后视镜的拆装

以速腾车型为例讲解汽车后视镜的拆装过程。

● 拆卸后视镜内部装饰盖板紧固螺栓，如图 5-11 所示。

图 5-11　拆卸后视镜内部装饰盖板紧固螺栓

● 取出内部装饰板，拆卸后视镜紧固螺栓，如图 5-12 所示。

图 5-12 拆卸后视镜紧固螺栓

● 取出后视镜总成，如图 5-13 所示。

图 5-13 取出后视镜总成

● 安装步骤与拆卸步骤相反。

任务三　汽车电动车窗的拆装

一、电动车窗的组成

电动车窗又称电动门窗，驾驶员或乘客在座位上操纵控制开关，利用电动机驱动玻璃升降器实现车窗玻璃的升降。电动车窗主要由玻璃升降器、直流电动机、开关（主控开关、分控开关）等组成。

1. 玻璃升降器

常用的玻璃升降器有齿扇式和钢丝滚筒式（绳轮式）两种。

2. 直流电动机

电动车窗上采用的电动机有永磁式和双绕组串励式两种。
采用永磁式电动机时，电机转子绕组通过一个控制开关改变转子电流方向而控制电动机的转向，从而实现车窗的升降。
双绕组串励式电动机有两个磁场绕组，通过接通不同的磁场绕组，使电动机的转向不同，从而实现车窗的升降。

3. 控制开关

所有车窗系统都有两套控制开关：一套是主控开关，安装在驾驶员侧车门扶手上或仪表板上（如图5-14所示），由驾驶员控制玻璃升降；另一套为分控开关，安装在乘客侧车窗中部，可由乘客操纵。主控开关上还安装有控制分开关的安全开关，如果断开它，分开关就不起作用。

图5-14　车窗系统主控开关

二、电动车窗的拆装

下面以速腾车型为例讲解电动车窗的拆装过程。

1. 车窗升降器的拆装

● 脱开车窗升降器上各控制线束,如图 5-15 所示。

图 5-15 脱开车窗升降器控制线束

● 拆卸车窗升降器固定在车门板上的紧固螺栓,如图 5-16 所示(红色圈处)。

图 5-16 拆卸车窗升降器紧固螺栓

● 取下车窗升降器,如图 5-17 所示。

图 5-17 取下车窗升降器

- 安装步骤与拆卸步骤相反。

2. 玻璃的拆装

- 拆卸车门内侧固定在车门外板的紧固螺栓,如图 5-18 所示。

图 5-18 拆卸车门内侧紧固螺栓

- 拆卸车门外侧固定在车门外板的紧固螺栓,如图 5-19 所示。

图 5-19 拆卸车门外侧紧固螺栓

- 拆卸车门底部固定在车门外板的紧固螺栓,如图 5-20 所示。

图 5-20 拆卸车门底部紧固螺栓

●取下车门外板件,如图 5-21 所示。

图 5-21 取下车门外板件

●脱开车门把手拉索,取出车门外板件总成,如图 5-22 所示。

图 5-22 脱开车门把手拉索

●拆卸车窗玻璃固定在滑轨上的紧固螺栓,抬出车窗玻璃,如图 5-23 和图 5-24 所示。

图 5-23 拆卸车窗玻璃紧固螺栓

图 5-24 取出车窗玻璃

●安装步骤与拆卸步骤相反,这里不再详细说明。

任务四 汽车门锁的拆装

一、汽车门锁系统的组成

汽车门锁一般由锁体、内开操纵机构、外开操纵机构、内锁止或解止操纵机构、外锁止或解止操纵机构、锁销等组成。

二、汽车门锁的拆装

以速腾车型为例讲解驾驶员侧门锁的拆装过程。
● 拆卸驾驶员侧门锁固定在车门架上的紧固螺栓，如图5-25所示。

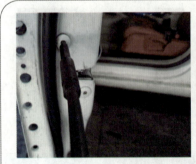

图5-25 拆卸门锁紧固螺栓

● 取下门锁总成，如图5-26所示。

图5-26 取下门锁总成

●脱开门锁控制线束,如图 5-27 所示。

图 5-27 脱开门锁控制线束

●脱开门锁拉索,取出门锁总成,如图 5-28 所示。

图 5-28 脱开门锁拉索

●安装步骤与拆卸步骤相反。

任务五 汽车门总成的拆装

一、车门的总体构成

门体：门体由车门外板、车门内板、车门加强横梁、车门窗框、车门加强板等组成。

车门附件：车门附件由车门铰链、车门开度限位器、门锁机构及内外手柄、车门玻璃、玻璃升降器、密封条等组成。

门内饰：门内饰由内饰板及其他装饰件组成。

二、汽车门的拆装

下面以速腾车型为例讲解汽车门总成的拆装过程。

● 断开门总成上的控制线束，如图5-29所示。

图5-29 断开门总成上的控制线束

● 拆卸门锁铰链及车门开度限位器固定在车门上的紧固螺栓，如图5-30所示。

图 5-30 拆卸门锁铰链紧固螺栓

● 抬出门总成，如图 5-31 所示。

图 5-31 抬出门总成

● 安装步骤与拆卸步骤相反。

一、填空题

1. 车门内饰板上的附件有＿＿＿＿、＿＿＿＿、＿＿＿＿、＿＿＿＿等。
2. 电动后视镜由＿＿＿＿、＿＿＿＿两大部分组成。
3. 电动车窗主要由＿＿＿＿、＿＿＿＿、＿＿＿＿等组成。

二、简答题

1. 车门内饰板有何功能？

2. 电动车窗上采用的电动机有哪两种？分别是怎样工作的？

3. 自行查阅资料，简述为什么汽车电动后视镜的控制电机使用永磁式电机。

课题六　汽车表面装饰件的拆装

[学习任务]

1. 掌握汽车防擦条的拆装方法。
2. 掌握汽车中网的拆装步骤。
3. 掌握汽车保险杠及面罩的拆装过程。

[技能要求]

1. 能掌握防擦条、中网、保险杠及面罩的拆装步骤及方法。
2. 能够正确拆卸汽车防擦条、中网及保险杠。

[素养目标]

1. 通过分小组进行实操训练，提高学生的团队合作意识和集体荣誉感。
2. 通过实训操作，培养学生独立解决实际问题的能力，规范操作的能力及提高5S意识。

任务一　车身防擦条的拆装

一、概述

车身防擦条与装饰镶条多为塑料制品，重量轻、成形性好、拆装方便、易与车身色调协调，也有用薄钢片、轻合金制作的。

其作用有：保护车身表面，相当于车身表面的保险杠；装饰车身外表，强调车身的造型艺术。

对于车身防擦条与各种装饰镶条的拆装，首先应阅读该车的说明书，熟悉这类零件的材质、制造与装配方式，只有知道这些知识，在拆装的过程中才不会对零件造成损坏。因为有的防擦条与装饰镶条用粘接方式，有的用嵌入或卡扣加粘接方式等，这时就需要用不同的操作手法进行操作。

二、车身防擦条的拆装

●如图 6-1 所示,操作者佩戴手套,使用专用工具将车身上纹理防擦条上端撬开一个缝隙,手指伸入缝隙将纹理防擦条拆下,并使用工具将卡在车身孔内的卡扣取下。

图 6-1 车身防擦条

●安装时将定位柱对准车身定位扣,先将防擦条两端对准拍进车身,然后从左至右依次将防擦条其他位置拍进车身。

●安装完成之后用手压一下防擦条各个位置以检查是否完全到位。

任务二　汽车中网的拆装

一、概述

中网具有隐藏散热器，装饰车身前脸、向发动机散热器导入空气、防止汽车行驶中飞石等杂物对散热器的冲击等作用。

中网装于车辆前部中央，分别用卡块和螺钉与车身固定。依照车辆不同品牌，中网可能固定在保险杠装饰板或前护板上，也可能固定在散热器支架或发动机盖上。

中网有多种结构形式，分为整体式和分体式两种类型。分体式中网由多块组成，这些格栅块可单独进行更换，而无须更换整个中网。有的中网上边还设有灯孔，用于配置汽车灯具。一些车型的厂标、车标、字牌也装配在中网上。

对于中网的拆装，不同车型汽车所采用的方法不尽相同。拆装作业时应充分注意其构造上的差别，经过仔细观察分析后方可动手操作。

二、汽车中网的拆装

下面以速腾车型为例讲解汽车中网的拆装过程。

● 使用六角扳手，拆卸中网上部如图 6-2 所示的四颗螺钉。

图 6-2　拆卸中网固定螺钉

● 轻轻往外拉即可拿出中网（安装时，将中网对好螺钉孔的位置，拧紧螺钉即可）。

任务三　汽车保险杠面罩的拆装

一、概述

保险杠面罩装在保险杠的最外侧,起导流作用并兼作车身饰件。

保险杠面罩常用合成树脂材料制成,这些塑料可以是氨基甲酸酯、聚合碳纤维或合成材料,可以着漆,使之与汽车其他装饰相匹配。

一些汽车的保险杠面罩制有导流孔板,以便向散热器或车底引导气流,有的在面罩上装了指示灯、牌照等,还有的在保险杠面罩上装有与车身侧围防擦条颜色与形状一致的装饰条,以求起到装饰与美化作用。

大多数汽车将保险杠面罩、散热器格栅、前装饰板和下导流板集成一体。而这种集成部件则被称为保险杠装饰板。

塑料保险杠面罩受到损坏时,可以用原厂件、拆车旧件予以更换。

二、保险杠面罩的拆装

下面以速腾车型为例讲解保险杠面罩的拆装。

- 拆卸中网,参见任务二。
- 将方向盘向右或向左转动,到能拆卸车轮挡泥板上固定保险杠面罩的紧固螺钉为止,分别拆卸左右车轮挡泥板上部的紧固螺钉,如图6-3所示。

图6-3　拆卸车轮挡泥板固定保险杠的紧固螺钉

● 拆卸保险杠底部紧固螺钉，如图6-4所示。

图6-4 拆卸保险杠底部紧固螺钉

● 取下保险杠面罩总成，如图6-5所示。

图6-5 取下保险杠面罩总成

注意：根据车型配置的不同，有的车型保险杠面罩上有雷达探头，在拆卸时，需要格外注意。如果前保险杠面罩只是一侧从保险杠导轨上分开，则保险杠面罩可能会掉落，从而对人身造成伤害。在把前保险杠面罩从保险杠导轨上分开时，要注意保险杠面罩，避免其掉落下来。

● 安装步骤与拆卸步骤相反。

任务四　汽车保险杠的拆装

一、概述

汽车一般都在前、后最外端装有保险杠。其主要功能有：当汽车在前后方向与其他物体碰撞时，保险杠能有效地保护车身，减轻对被撞物的损害程度；保险杠也可作为外部装饰，美化汽车的外形。

保险杠分为整体式和组合式两类。目前常用的是组合式保险杠，整体式保险杠在旧的车型上能看到。组合式保险杠基本由四部分组成：保险杠横梁、保险杠面罩、吸能装置、其他附件。当然，这些组成部分会依保险杠的具体类型而有所差异。

二、保险杠的拆装

下面以速腾车型为例讲解保险杠的拆装。

在拆卸保险杠时，需要先把前大灯、中网、保险杠面罩拆掉，只有这样才能清楚地看到保险杠紧固在车架上的紧固螺栓，方便拆卸。前面已经详细讲解了中网及保险杠面罩的拆装方法，这里只讲解前大灯的拆装过程。

- 拆卸中网，参见任务二。
- 使用工具拆卸大灯右侧紧固螺栓、大灯底部紧固螺栓，如图6-6所示。

图6-6　拆卸大灯紧固螺栓

- 使用套筒工具拆卸蓄电池负极电缆，如图6-7所示。
- 拆卸大灯顶部两颗紧固螺栓，如图6-8所示。

课题六 汽车表面装饰件的拆装

图 6-7 拆卸蓄电池负极电缆

图 6-8 拆卸大灯顶部紧固螺栓

● 取出大灯总成，脱开大灯控制线束，如图 6-9 所示。
● 拆卸保险杠面罩，参见任务三。
● 拆卸保险杠固定在车架上的紧固螺栓（如图 6-10 所示的红色圈处），取下保险杠总成。

图 6-9 取出大灯总成，脱开大灯控制线束

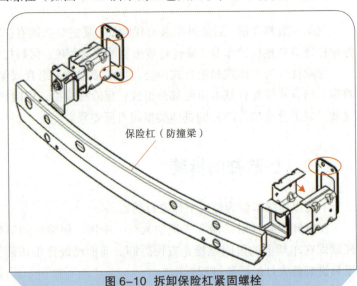

图 6-10 拆卸保险杠紧固螺栓

● 安装步骤与拆卸步骤相反。

一、填空题

1. 保险杠可分为_____、_____两类。
2. 组合式保险杠一般由_____、_____、_____、_____四部分组成。
3. 保险杠面罩通常由_____材料制成。

二、简答题

1. 汽车保险杠面罩和保险杠各有何作用？

2. 汽车中网有何作用？

课题七

汽车发动机盖及后备厢盖的拆装

[知识目标]

1. 掌握汽车发动机盖的拆装步骤及拆装时的注意事项。
3. 掌握汽车后备厢盖的拆装步骤及拆装时的注意事项。

[技能目标]

1. 能够正确拆卸发动机盖及后备厢盖。
2. 学会拆装方法,掌握拆装步骤。

[素养目标]

1. 通过分小组进行实操训练,提高学生的团队合作意识和集体荣誉感。
2. 通过实训操作,培养学生独立解决实际问题的能力,规范操作的能力及提高5S意识。

任务一 汽车发动机盖的拆装

一、概述

1. 发动机盖的组成

如图7-1所示,发动机盖通常由内板、外板、铰链及其他附件(支承垫、支杆、锁扣等)组成。

2. 发动机盖的功能

发动机盖是构成发动机室的一个组成部分。位于发动机室顶部并处于两侧翼子板之间,其功能主要有：保护发动机免受灰尘、杂物和水汽侵袭；作为前车身表面覆盖件，完成整车的造型；充当车身前部的导流板，以减少行车的空气阻力。

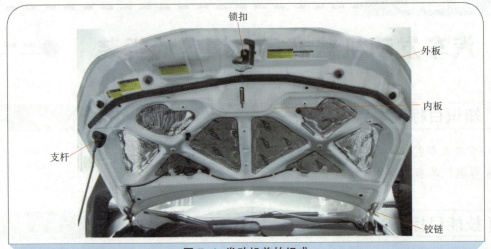

图7-1 发动机盖的组成

二、发动机盖的拆装

下面以速腾车型为例讲解发动机盖的拆装。注意在拆装发动机盖的过程中，要至少找一个助手合作，避免在拆卸铰链时发动机盖掉落对人身或客户的车辆造成伤害。

● 拆卸前挡风玻璃喷洗器软管，如图7-2所示。
● 拆卸左右发动机盖铰链固定螺栓，如图7-3所示。

图7-2 拆卸喷洗器软管

图7-3 拆卸左右发动机盖铰链固定螺栓

注意：在拆卸铰链时，应该由两人共同合作完成，切勿一人操作，避免发动机盖掉落对人身或客户车辆造成伤害。

● 抬出发动机盖总成，如图7-4所示。
● 安装步骤与拆卸步骤相反。需要注意的是，在安装时应先对好铰链位置，再依次拧紧紧固螺栓。切勿一次性拧紧螺栓。

图7-4 取下发动机盖

任务二 汽车后备厢盖的拆装

一、概述

汽车后备厢盖位于汽车后部,与车身内部底板组成后备厢系统,常用钣金冲压加工制成,是汽车后部面积最大的组成部分。后备厢盖常用材料为合金钢,连接方式多采用焊接,是实现后备厢整体造型效果的基础框架。

汽车后备厢盖主要由后备厢盖本体、铰链、支承杆、后挡风玻璃、锁扣、缓冲垫等组成。

后备厢的设计直接影响到整车的密封性、造型和视野等方面,其布置要求符合人机工程和法规要求,需要保证与整车外观协调,并满足本身的技术要求。

二、后备厢盖的拆装

下面以速腾为例讲解后备厢盖的拆装。注意在拆装后备厢盖的过程中,应至少找一个助手合作,避免在拆卸铰链时后备厢盖掉落对人身或客户的车辆造成伤害。

● 使用套筒工具拆卸蓄电池负极电缆,如图7-5所示。

图7-5 拆卸蓄电池负极电缆

● 打开后备厢盖,如图7-6所示。

图 7-6 打开后备厢盖

●拆卸后备厢左侧隔声板（装饰板），脱开后备厢盖上的线束插头（包括：车灯线束、门锁线束），如图 7-7 所示。

图 7-7 拆卸左侧隔声板且脱开线束

●拆卸后备厢盖上左、右铰链紧固螺栓，如图 7-8 所示。

图 7-8 拆卸铰链紧固螺栓

注意：在拆卸铰链时，应该由两人共同合作完成，切勿一人操作，避免后备厢盖掉落对人身或客户车辆造成伤害。

●抬出后备厢盖总成，如图 7-9 所示。

任务二 汽车后备厢盖的拆装

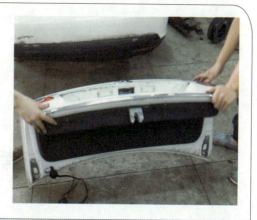

图7-9 抬出后备厢盖总成

● 安装步骤与拆卸步骤相反。需要注意的是,在安装时应先对好铰链位置,再依次拧紧紧固螺栓,切勿一次性拧紧螺栓。

思 考 与 练 习

一、填空题

1. 汽车后备厢盖主要由_____、_____、_____、_____、_____、_____等组成。

2. 发动机盖通常由_____、_____、_____组成。

二、简答题

1. 在拆卸发动机盖铰链或后备厢盖铰链时需要注意什么?

2. 在安装发动机盖铰链或后备厢盖铰链时需要注意什么?

参 考 文 献

[1] 钟文浩，李贤林. 汽车车身结构与附件拆装［M］. 北京：高等教育出版社，2010.
[2] 林程. 汽车车身结构与设计（第2版）［M］. 北京：机械工业出版社，2016.
[3] 黄天泽，黄金陵. 汽车车身结构与设计［M］. 北京：机械工业出版社，2014.
[4] 曹立波. 汽车车身结构与设计［M］. 北京：人民交通出版社，2012.
[5] 朱茂桃，丁华. 汽车车身结构与设计［M］. 北京：清华大学出版社，2018.
[6] 智淑亚. 汽车车身结构与设计（第2版）［M］. 北京：机械工业出版社，2017.